Duden

100 *spannende* Diktate

2.–4. Klasse

Üben mit Piraten, Geistern & Co

Dudenverlag
Mannheim • Zürich

Die Rechtschreibung in diesem Buch folgt im Falle von Schreibvarianten den Empfehlungen von Duden – Die deutsche Rechtschreibung (25. Auflage).

Beratungsangebot für Eltern und Lehrer (kostenpflichtig):
Die **Duden-Sprachberatung** beantwortet Fragen zu Rechtschreibung, Grammatik, Zeichensetzung u. Ä.
montags bis freitags zwischen 08:00 und 18:00 Uhr.
Aus Deutschland: **09001 870098** (1,86 E pro Minute aus dem Festnetz)
Aus Österreich: **0900 844144** (1,80 E pro Minute aus dem Festnetz)
Aus der Schweiz: **0900 383360** (3,13 CHF pro Minute aus dem Festnetz)
Die Tarife für Anrufe aus den Mobilfunknetzen können davon abweichen.

Bibliografische Information der Deutschen Nationalbibliothek
Die Deutsche Nationalbibliothek verzeichnet diese Publikation in der Deutschen Nationalbibliografie; detaillierte bibliografische Daten sind im Internet über http://dnb.d-nb.de abrufbar.

Bibliographisches Institut GmbH
Dudenstraße 6, 68167 Mannheim

Redaktionelle Leitung: Grischa Zimmermann
Redaktion: Barbara Holzwarth
Autorin: Sandra Schauer
Illustrationen: Kerstin Meyer
Herstellung: Ursula Fürst
Layout: Horst Bachmann, Weinheim
Umschlaggestaltung: Sven Rauska
Satz: Katrin Kleinschrot, Stuttgart
Druck und Bindung: Heenemann GmbH & Co. KG,
Bessemerstraße 83–91, 12103 Berlin
Printed in Germany

ISBN 978-3-411-75071-9

Liebe Schülerin, lieber Schüler!

In diesem Buch findest du spannende **Diktattexte** für die 2., 3. und 4. Klasse. Sie entführen dich in die Zeit des Mittelalters sowie in die Welt der Indianer, Piraten und Märchenwesen. Außerdem berichten sie von gefährlichen Tieren und anderen aufregenden Dingen. Bist du bereit, dich darauf einzulassen?

Schnell wirst du merken, dass das Üben von Diktaten mit diesen Texten Freude macht und leichtfällt. Außerdem werden dir immer wieder **spielerische Aufgaben** angeboten. Sie zeigen dir, dass du die Wörter auf ganz unterschiedliche Weise üben kannst.

Bei den Diktaten findest du **Merkkästen**, in denen du die zu übende Rechtschreibbesonderheit nachlesen kannst. **Anschauliche Beispiele** helfen dir, die Regeln zu verstehen und sie dir einzuprägen. Wenn du ein Diktat geschrieben und kontrolliert hast, darfst du im **Inhaltsverzeichnis** dieses Zeichen ausmalen: ☺. So behältst du den Überblick, welche Seiten du schon bearbeitet hast.

Am Ende des Buches sind die **Rechtschreibstrategien** zusammengefasst. Sie helfen dir beim richtigen Schreiben – in der Schule und zu Hause.

Viel Erfolg beim Üben!

Inhaltsverzeichnis

	Liebe Schülerin, lieber Schüler!		3
	Liebe Eltern!		9

1 Laute und Buchstaben

1.1 Vokale: Umlaute und Doppellaute

2. KLASSE	Wörter mit **ö** und **ü**	Im Land der Feen	14
2. KLASSE	Wörter mit **ä** von **a**	Welch eine Freude	15
2. KLASSE		Kräfte sammeln	16
2. KLASSE	Wörter mit **äu** von **au**	In der Nacht	17
2. KLASSE		Wenn Hexen feiern	18
2. KLASSE	Wörter mit **eu**	Bei den Tieren ist was los	19
3. KLASSE	Wörter mit **ei**	Der Überfall	20
4. KLASSE	Wörter mit **ai**	Der Taifun	21
4. KLASSE	Wörter mit **ä** ohne **a**	Bei den Rittern	23

1.2 Konsonanten

2. KLASSE	Wörter mit **ng**	Mein Garten	25
2. KLASSE	Wörter mit **ch**	Drachenleben	26
2. KLASSE	Harter und weicher Anlaut	Erwischt	27
3. KLASSE	Wörter mit **Qu/qu**	Piratenfahrt	28
3. KLASSE	**b** oder **p**?	Rätsel	29
3. KLASSE	**d** oder **t**?	Überraschung	30
3. KLASSE	**g** oder **k**?	Oh Schreck!	31
3. KLASSE	Wörter mit **V/v**	Der Traum	32
3. KLASSE	Wörter mit **Sp/sp** oder **St/st**	Halloween	33
3. KLASSE		Jagd im Mittelalter	34
3. KLASSE	Wörter mit **x**	Krankheiten im Mittelalter	36
4. KLASSE	Wörter mit **ks**-Laut	Auf der Jagd	38

1.3 s-Laute

3. KLASSE	**s** am Wortende	Burgleben	39
3. KLASSE	**ss** am Wortende	Die Piratenflagge	40

. KLASSE	☺	Wörter mit **ß**	Piratengeburtstag	42
. KLASSE			Verliebt	43
. KLASSE	☺	Wörter mit **s**, **ss** oder **ß**	Zeugen der Geschichte	44
. KLASSE	☺	**das** oder **dass**	Piratenalltag	45

1.4 Dehnung

. KLASSE	☺	Wörter mit Doppelvokal (**aa**, **ee**, **oo**)	Unter Wasser	46
. KLASSE	☺	Wörter mit **ie**	Mitternacht	47
. KLASSE	☺		Zeitvertreib	48
. KLASSE	☺	Wörter mit Dehnungs-**h**	Opa erzählt	49
. KLASSE	☺	Wörter mit silbentrennendem **h**	Bei den Indianern	50
. KLASSE	☺	Wörter mit langem **i**	Rätselwörter mit langem i	51

1.5 Schärfung

. KLASSE	☺	Wörter mit Doppelkonsonant	Verhext!	53
. KLASSE	☺		Am Nordpol	54
. KLASSE	☺	Wörter mit **tz**	Katze Minka	55
. KLASSE	☺	Wörter mit **zz**	Der Unfall	56
. KLASSE	☺	Wörter mit **ck**	Märchen oder Wahrheit?	57
. KLASSE	☺	Wörter mit **tz** oder **ck**	Bei den Eskimos	58
. KLASSE	☺	Konsonantenhäufung	Der Kopfschmuck der Indianer	59

2 Wortbausteine

2.1 Vorangestellte Wortbausteine

KLASSE	☺	Die Wortbausteine **Ver-/ver-** und **Vor-/vor-**	Wie verzaubert	60
KLASSE	☺	Der Wortbaustein **Miss-/miss-**	Auf und davon	61
KLASSE	☺	Der Wortbaustein **zer-**	Die Entdecker	62
KLASSE	☺	Die Wortbausteine **Ver-/ver-** und **Vor-/vor-**	Geht alles gut?	63
KLASSE	☺	Die Wortbausteine **ab-** und **weg-**	Ärger in der Schule	64
KLASSE	☺	Die Wortbausteine **er-**, **zer-** und **ent-**	Ein toller Fund	66

2.2 Nachgestellte Wortbausteine

2. KLASSE ☺ Die Wortbausteine **-chen** und **-lein** — *Im Zwergenland* ... 67
2. KLASSE ☺ Der Wortbaustein **-ling** — *Was ist das?* ... 68
3. KLASSE ☺ Die Wortbausteine **-ig**, **-lich** und **-isch** — *Die Jahreszeiten* ... 69
3. KLASSE ☺ Die Wortbausteine **-ung**, **-heit** und **-keit** — *Unsere Medien* ... 70
3. KLASSE ☺ Die Wortbausteine **-nis** und **-in** — *Beim Imker* ... 71
4. KLASSE ☺ Die Wortbausteine **-tum** und **-schaft** — *Die Mathematik* ... 72
4. KLASSE ☺ Der Wortbaustein **-ik** — *Im Flugzeug* ... 73
4. KLASSE ☺ Die Wortbausteine **-tion** und **-ieren** — *Beim Arzt* ... 74

3 Groß- und Kleinschreibung

3.1 Grundsätzliches

2. KLASSE ☺ Satzanfänge — *Papa tröstet* ... 75
2. KLASSE ☺ Eigennamen — *Der Besuch* ... 76
2. KLASSE ☺ *Wie aufregend!* ... 76
2. KLASSE ☺ Nomen — *Bald ist es so weit* ... 77
2. KLASSE ☺ *Geschenke* ... 78
3. KLASSE ☺ Abstrakte Nomen — *Der Glücksstein* ... 79

3.2 Nominalisierungen

3. KLASSE ☺ Nominalisierte Verben — *Es ist Winter* ... 80
3. KLASSE ☺ Nominalisierte Adjektive — *Vögel im Winter* ... 82
4. KLASSE ☺ Adjektive in Verbindung mit unbestimmten Zahlwörtern — *Fabelwesen* ... 83

3.3 Tageszeiten

2. KLASSE ☺ Wochentage — *Rätsel* ... 85
2. KLASSE ☺ *Wochenplan* ... 85
3. KLASSE ☺ Tageszeiten mit Artikel oder Pronomen — *Nikolaus* ... 86
3. KLASSE ☺ Tageszeiten ohne Artikel oder Pronomen — *Was war das?* ... 87
4. KLASSE ☺ Tageszeiten im Genitiv — *Tiere der Nacht* ... 88

. KLASSE Tageszeiten als Adverbien — Gefahr auf dem See 89
. KLASSE Tageszeiten nach Wörtern wie „heute“, „übermorgen“ … — Welcher Tag ist heute? 90

3.4 Anrede

. KLASSE Vertrauliche Anrede — Liebe Heidi, ... 91
. KLASSE Höfliche Anrede — Lieber Herr Karl, ... 92

4 Zusammensetzungen

4.1 Zusammengesetzte Nomen

. KLASSE Zusammengesetzte Nomen — Zuckerkreide 93
. KLASSE Zusammengesetzte Nomen — Auf dem Volksfest 94
. KLASSE — Geschichte der Piraten 95
. KLASSE Das Fugen-**s** — Helfen hilft 96

4.2 Verschiedene Zusammensetzungen

. KLASSE Zusammengesetzte Adjektive — Gefahr im Keller 97
. KLASSE Drei gleiche Buchstaben durch Zusammensetzung — Glück gehabt 99
. KLASSE — Verkehrte Welt 100
. KLASSE Zusammensetzungen mit Nomen, Adjektiven und Verben — Der Neandertaler 101

5 Wortfamilien

5.1 Verschiedene Wortfamilien

KLASSE Die Wortfamilie „träumen“ — Träume 103
KLASSE Die Wortfamilie „essen“ — Abendessen 104
KLASSE Die Wortfamilie „fahren“ — Gefahr auf der Straße 105
KLASSE Die Wortfamilie „reißen“ — Ein Reißbild basteln 106

6 Worttrennung

6.1 Nach Sprechsilben und Wortbausteinen

KLASSE Trennung nach Sprechsilben — Was ist das? 107
KLASSE — Im Meer 108
KLASSE Trennung nach Wortbausteinen — Freundebuch 109

6.2 Buchstabenverbindungen

3. KLASSE ☺ Trennung von Wörtern mit **st** — Tauchgang 110
3. KLASSE ☺ Trennung von Wörtern mit **ck** — Safari 111
3. KLASSE ☺ Trennung von Wörtern mit **tz** — Der Tiger 113
4. KLASSE ☺ Trennung von Wörtern mit — Der Hai 114
4. KLASSE ☺ **st**, **ck** oder **tz** — Tiere im Winter 115

7 Zeichensetzung

7.1 Grundlagen

2. KLASSE ☺ Der Punkt — Im Februar 116
2. KLASSE ☺ Ausrufezeichen und Fragezeichen — Im Herbst 117
3. KLASSE ☺ Der Doppelpunkt — Roter Früchtezauber 118

7.2 Wörtliche Rede

3. KLASSE ☺ Vorangestellter Redebegleitsatz — Ein wichtiges Spiel 119
3. KLASSE ☺ Nachgestellter Redebegleitsatz — Klassenausflug 120
4. KLASSE ☺ Eingeschobener Redebegleitsatz — Alt aber oho 122

7.3 Kommasetzung

4. KLASSE ☺ Das Komma bei Aufzählungen — Das Drachenrennen 124
4. KLASSE ☺ Das Komma vor Bindewörtern — Die Boa 125

Rechtschreibstrategien 126

Liebe Eltern!

Nach wie vor nehmen das Üben der deutschen Rechtschreibung sowie das Schreiben von Diktaten im schulischen Alltag einen hohen Stellenwert ein. Allerdings bekommt das „klassische“ Diktat zunehmend Konkurrenz durch sogenannte alternative Diktatformen (siehe S. 11–13). Die Kinder werden somit auf vielfältige Weise mit der deutschen Rechtschreibung konfrontiert, um diese möglichst spielerisch und auf kindgerechte Art zu erlernen.

Dieses Buch möchte den Lernprozess Ihres Kindes unterstützen! Die **Übungstexte** greifen spannende, kindorientierte Themen auf, die zum **motivierenden Üben** einladen. Außerdem thematisieren sie die wesentlichen **Rechtschreibphänomene** der deutschen Sprache und beinhalten die Wörter des **Grundwortschatzes** für die Klassenstufen 2–4. Das zu übende Wortmaterial ist in den Texten farbig hervorgehoben.

Den Übungstexten sind **Merkkästen** vorangestellt, welche kurze Regeln zu den Rechtschreibbesonderheiten des Textes nennen. Anschauliche Beispiele verdeutlichen die Regeln.

Wörteranzahl und **Schwierigkeitsgrad** der Diktate entsprechen in etwa den Anforderungen des Unterrichts. Die Wörteranzahl ist stets angegeben.

Regelmäßig sind kleine **„activity“-Einheiten** eingestreut, welche die Routine der Diktatsituation aufbrechen und Ihr Kind neu motivieren sollen, indem es das jeweilige Wortmaterial auf spielerische Weise übt.

Im **Inhaltsverzeichnis** haben Sie die Möglichkeit, sich nach Klassenstufen zu orientieren, können die verschiedenen Rechtschreibbesonderheiten ausfindig machen und entsprechend den geeigneten Übungstext für Ihr Kind wählen.

Der **Anhang** enthält eine Übersicht der **Rechtschreibstrategien**. Sie ermöglichen es Ihrem Kind, sich die Schreibweise von Wörtern selbstständig zu erschließen.

Übung macht den Meister!

Regelmäßiges, konzentriertes Üben – mit möglichst motivierenden Übungsmaterialien – ist der Schlüssel zum Erfolg! Schaffen Sie mindestens zweimal pro Woche eine angenehme, ruhige Lernatmosphäre für Ihr Kind und nehmen Sie sich Zeit für das Diktieren, aber auch für die Nachbereitung der Diktate. Betrachten Sie Fehler genau und besprechen Sie diese mit Ihrem Kind. Sind es Leichtsinnsfehler oder müssen Rechtschreibregel und -strategie nochmals veranschaulicht bzw. wiederholt werden?

Diktieren wie in der Schule ist auch zu Hause möglich.

1. Lesen Sie den gesamten Text vor. Auf diese Weise wird Ihr Kind mit dem Inhalt des Textes vertraut.
2. Lesen Sie den ersten Satz vor.
3. Diktieren Sie den Satz langsam und deutlich nach Sprechtakten (ca. 3–4 Wörter). Satzzeichen werden mitdiktiert. Lesen Sie nun den nächsten Satz ganz vor usw.

4. Nach dem letzten Satz lesen Sie den gesamten Text nochmals langsam und deutlich mit Satzzeichen vor. Ihr Kind soll aufmerksam verfolgen, ob es alle Wörter richtig verstanden und geschrieben hat. Mögliche Lücken im Text können nun gefüllt werden.
5. Abschließend geben Sie Ihrem Kind Zeit, um den Text selbstständig zu lesen und gegebenenfalls Fehler zu korrigieren.

Selbstständiges Üben – alternative Diktatformen

Bei der Diktatvorbereitung ist es sinnvoll, dass Ihr Kind auch selbstständig übt. Stellen Sie ihm dafür die folgenden Anleitungen für verschiedene Diktatformen zur Verfügung. Kontrollieren Sie die Diktate und besprechen Sie sie mit Ihrem Kind.

Laufdiktat

Lege deinen Übungstext im Zimmer ab (z. B. auf der Fensterbank). Gehe nun zum Text, lies drei bis vier Wörter, merke sie dir gut und gehe an deinen Arbeitsplatz zurück. Schreibe die Wörter in dein Heft. (Hast du die Wörter vergessen, musst du gleich nochmals los.) Gehe so vor, bis du den gesamten Text in dein Heft übertragen hast. Lies nun deinen Text aufmerksam durch und kontrolliere ihn. Überprüfe deinen Text abschließend anhand des Übungstextes.

Abschreibdiktat

Es gibt verschiedene Möglichkeiten:

- Lege den Übungstext neben dich und schreibe ihn ab. Achtung: Auch beim Abschreiben unterlaufen einem häufig Fehler. Vergleiche zum Schluss deinen Text mit dem Übungstext.
- Bitte einen Erwachsenen, den Übungstext abzuschreiben – alle Wörter sollen kleingeschrieben sein. Übertrage nun den Text richtig in dein Heft und achte vor allem auf die Groß- und Kleinschreibung. Vergleiche zum Schluss deinen Text mit dem Übungstext.
- Bitte einen Erwachsenen, den Übungstext abzuschreiben – alle Wörter sollen großgeschrieben sein. Übertrage nun den Text richtig in dein Heft und achte vor allem auf die Groß- und Kleinschreibung. Vergleiche zum Schluss deinen Text mit dem Übungstext.

Dosendiktat

Schreibe den Übungstext auf ein Blatt Papier (immer einen Satz in eine Zeile). Bitte einen Erwachsenen, den Text durchzulesen und evtl. gemachte Fehler zu korrigieren. Schneide anschließend die einzelnen Sätze/Streifen ab. Du kannst sie ungeordnet vor dir liegen lassen. Wähle einen beliebigen Streifen aus, lies den Satz, merke ihn dir und stecke ihn in eine Dose o. Ä. Schreibe nun den Satz aus dem Gedächtnis in dein Heft. Verfahre so mit all deinen Sätzen. Lies dann alle Sätze durch und kontrolliere sie. Öffne zum Schluss die Dose und vergleiche mit den einzelnen Streifen.

3-Spalten-Diktat

Gestalte auf einem Blatt eine Tabelle nach dem Beispiel unten. Schreibe in die erste Spalte die Übungswörter. Schaue dir nun Wort für Wort genau an und schreibe jedes in die zweite Spalte. Dabei kannst du immer wieder in der ersten Spalte nachsehen, ob du richtig schreibst. Klappe jetzt die letzte Spalte nach hinten um. Lies das erste Wort, präge es dir ein und schreibe es aus dem Gedächtnis in die letzte Spalte. Hierzu musst du das Blatt wenden. Verfahre so mit allen Wörtern, kontrolliere zum Schluss.

Wort	abschreiben	auswendig aufschreiben

Egal, ob Ihr Kind mit Ihnen gemeinsam übt oder sich eine Diktatform gewählt hat, um selbstständig zu üben – wichtig für erfolgreiches Lernen ist Lob. Wir alle wissen, wie gut es tut, gelobt zu werden! Loben Sie Ihr Kind immer wieder – auch für kleine Lernerfolge. Dies macht es stolz und verleiht ihm ein gutes Gefühl!

Viel Freude beim Üben!

1.1 Vokale: Umlaute und Doppellaute

Vokale (Selbstlaute)

Die Buchstaben **a**, **e**, **i**, **o**, **u** klingen ohne Hilfe eines anderen Lautes. Man nennt sie daher **Selbstlaute** oder **Vokale**. Alle anderen Buchstaben sind **Mitlaute** oder **Konsonanten**.

Wörter mit ö und ü

Die Buchstaben **ä**, **ö** und **ü** sind Selbstlaute mit Pünktchen. Man nennt sie **Umlaute**.

Beispiele: die H**ä**lfte, z**ä**hlen, der K**ö**rper, b**ö**se, die K**ü**he, bl**ü**hen

Im Land der Feen

Kleine Feen fliegen umher. Sie müssen die Blüten öffnen. Die Gräser werden grün bemalt. Die Tiere werden aus dem Schlaf geholt. Alles wird schön gemacht. Endlich ist der Frühling da!

34 Wörter

Wörter mit ä von a

Die Buchstaben **ä** und **e** kann man im gesprochenen Wort nur schwer unterscheiden.

Man schreibt **ä**, wenn es ein verwandtes Wort mit **a** gibt.

Beispiele: das Gefängnis – fangen, härter – hart, gefährlich – die Gefahr

Welch eine Freude

Im Hals des kleinen Drachen bildet sich Feuer. Das war das schärfste Essen seit einer Woche! Alles ist heiß. Die Hände, die Füße, der Bauch und sogar die Zähne. Das gefällt dem kleinen Drachen sehr.

38 Wörter

Kräfte sammeln

Die Nächte sind kälter geworden. Der Wichtel schläft aber an warmen Plätzen. Er hat sich mit Ästen und Blättern zugedeckt. Bald muss er los. Weihnachten steht vor der Tür. Es gibt viel zu tun.

36 Wörter

Achtung!

Zu wenigen Wörtern mit **ä** gibt es **kein** verwandtes Wort mit **a**. Diese musst du dir gut merken (siehe Diktat auf S. 23)!

Beispiele: das Mädchen, das Märchen, der Käfig, der Lärm, der Bär, später, dämmern

Wörter mit äu von au

Die Buchstaben **äu** und **eu** kann man im gesprochenen Wort nur schwer unterscheiden.

Man schreibt **äu**, wenn es ein verwandtes Wort mit **au** gibt.

Beispiele: die R**äu**me – der R**au**m, sch**äu**men – der Sch**au**m

In der Nacht

Im Land der Träume ist es still. Die Bäume und die Mäuse träumen schon. Auch die Sträucher schlafen. Nur der Mond läuft umher. Leise wünscht er allen eine gute Nacht.

33 Wörter

Blitzlicht

- Schreibe Wörter mit **äu** auf Karteikarten (immer ein Wort auf eine Karte). Schreibe auf die Rückseite ein verwandtes Wort mit **au**.
- Dein Partner zeigt dir kurz die Vorderseite einer Karte.
- Schreibe das Wort mit **äu** aus dem Gedächtnis auf und ergänze das verwandte Wort mit **au**.
- **Wichtig:** Immer kontrollieren und gegebenenfalls verbessern.

Wenn Hexen feiern

Die kleine Hexe kocht Kräuter und Häute. Im Topf schäumt es. Es duftet fein. Bald kommen ihre Schwestern. Sie fliegen auf ihren Besen herbei. Dann essen sie, bis die Bäuche rund sind. Es wird ein tolles Fest!

40 Wörter

Achtung!

Zu wenigen Wörtern mit **äu** gibt es **kein** verwandtes Wort mit **au**. Diese musst du dir gut merken!

Beispiele: die S**äu**le, das Kn**äu**el, sich r**äu**spern, sich str**äu**ben

Tipp: Schreibe diese Merkwörter mit **äu** in dein Merkheft, auf einen Merkzettel oder auf Karteikarten und übe sie regelmäßig.

Wörter mit eu

Die Doppellaute (Zwielaute) **eu** und **äu** klingen gleich.

Man schreibt **eu**, wenn es kein verwandtes Wort mit **au** gibt.

Beispiele: das Kr**eu**z, der T**eu**fel, sch**eu**chen, n**eu**n

Bei den Tieren ist was los

Heute geben die Eulen ein Fest. Sie haben ihre Freunde eingeladen. Die Tiere freuen sich. Alle tragen neue Kleider. Der Wolf heult eine Fanfare. Die Käfer tanzen. Es gibt Gemüse mit Pommes. Alle haben Freude!

41 Wörter

Wörter mit ei

Die Doppellaute (Zwielaute) **ai** und **ei** werden gleich ausgesprochen. Meistens schreibt man jedoch **ei**.

Der Überfall

Ruhig schaukelt das Piratenschiff auf dem Meer. Es ist still. Alles schweigt. In der Ferne zeichnet sich das Schiff des Feindes ab. Die Piraten machen sich bereit. Schreiend überfallen sie den Gegner. Reis und Münzen werden geraubt. Ängstlich bleiben die Opfer zurück. Sie haben alles verloren. Aber zum Glück ist keiner von ihnen verletzt. Die Piraten feiern und planen bereits ihren nächsten Überfall. Sie träumen von einem Schiff voller Edelsteine.

72 Wörter

Wörter mit ai

Die Doppellaute (Zwielaute) **ai** und **ei** werden gleich ausgesprochen. Meistens schreibt man **ei**. Es gibt nur wenige Wörter mit **ai**. Diese musst du dir gut merken!

Beispiele: der M**ai**, der L**ai**ch, der Brotl**ai**b, die W**ai**se, die S**ai**te, der M**ai**s, der H**ai**

Tipp: Lege dir eine Lernkartei, ein Merkheft oder einen Merkzettel mit **ai**-Wörtern an und übe sie regelmäßig.

Der Taifun

Der Taifun ist ein sehr starker Sturm. Es handelt sich um einen Wirbelsturm. Der Wind bläst mit hoher Geschwindigkeit über das Land hinweg. Häuser werden zerstört. Die Pflanzen auf den Feldern gehen kaputt. Tausende Menschen in den betroffenen Ländern haben dann oft wenig zu essen. Denn die Ernte von Mais oder anderen Feldfrüchten ist nach solch einem Sturm nicht mehr möglich. Hilfe aus dem Ausland ist notwendig. Ärzte kümmern sich um Verletzte. Brotlaibe und andere Nahrungsmittel werden verteilt. Auch frisches Wasser ist wichtig für die Betroffenen. Leider sterben auch viele Menschen. Kinder werden zu Waisen, weil sie ihre Eltern verlieren.

102 Wörter

Merkwörter-Geschichte

- Schreibe fünf Wörter mit **ai** auf Karteikarten (immer ein Wort pro Karte).
- Überlege dir eine möglichst spannende Geschichte, in der deine ausgesuchten Wörter vorkommen.
- Lege die Wortkarten in der Reihenfolge vor dich hin, in der sie in deiner Geschichte erscheinen.
- Erzähle nun einem Partner die Geschichte.
- Immer, wenn du eines der **ai**-Wörter verwendet hast, darfst du die entsprechende Karte umdrehen.

Wörter mit ä ohne a

Die meisten Wörter mit **ä** haben ein verwandtes Wort mit **a**. Einige Wörter mit **ä** lassen sich aber nicht von einem Wort mit **a** ableiten. Diese musst du dir gut merken!

Beispiele: der Säbel, der März, der Käfig, sich ärgern, hässlich

Tipp: Lege dir eine Lernkartei, ein Merkheft oder einen Merkzettel mit **ä**-Wörtern an, die du nicht ableiten kannst. Übe die Wörter regelmäßig.

Bei den Rittern

Auf einer Ritterburg lebten viele Menschen – Erwachsene und Kinder. Die Kinder spielten, tobten und machten viel Lärm. Während die Mädchen gerne mit Puppen oder Bären aus Holz, Ton oder Stoffresten spielten, versteckten sich die Jungen im Burghof, spielten Fangen oder rauften miteinander. Zum Essen gab es meist Brei aus Hirse, Brot und Milch. Wurst und Käse gab es nur an Festtagen. Abends wurde oft getanzt und es wurde bis spät in die Nacht hinein gefeiert. Die Pferde auf der Burg wurden liebevoll gepflegt. Das Fell wurde gestriegelt, die Mähne wurde zu Zöpfen geflochten. Pferde hatten einen hohen Wert und wurden häufig gebraucht.

105 Wörter

Silben-Memospiel

- Überlege dir möglichst viele Wörter mit **ä**, zu denen es kein verwandtes Wort mit **a** gibt.
- Gliedere diese Wörter in Silben und schreibe sie auf Karteikarten (immer eine Silbe auf eine Karte).

Beispiele:

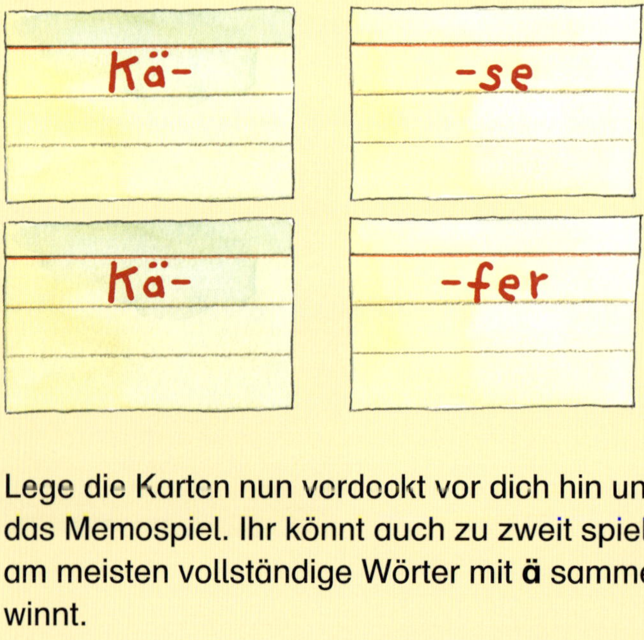

- Lege die Karten nun verdeckt vor dich hin und spiele das Memospiel. Ihr könnt auch zu zweit spielen. Wer am meisten vollständige Wörter mit **ä** sammelt, gewinnt.

1.2 Konsonanten

Konsonanten (Mitlaute)

Die Buchstaben **a**, **e**, **i**, **o**, **u** klingen ohne Hilfe eines anderen Lautes. Man nennt sie daher **Selbstlaute** oder **Vokale**. Alle anderen Buchstaben sind **Mitlaute** oder **Konsonanten**.

Wörter mit ng

Es gibt in unserer Sprache mehr Laute als Buchstaben. Deshalb braucht man manchmal mehrere Buchstaben für einen Laut, wie zum Beispiel bei **ng**.

Sprich Wörter mit **ng** beim Schreiben leise mit.

Beispiele: der Ri**ng**, e**ng**

Mein Garten

In meinem Garten ist immer Frühling. Feen springen herum. Sie sind jung und schön. Niemand ist streng oder böse. Blumen singen leise in hellen Tönen. Der Schmetterling freut sich darüber. Warst du auch schon dort?

37 Wörter

Wörter mit ch

Es gibt in unserer Sprache mehr Laute als Buchstaben. Deshalb braucht man manchmal mehrere Buchstaben für einen Laut, wie zum Beispiel bei **ch**.

Sprich Wörter mit **ch** beim Schreiben leise mit.

Beispiele: der Mittwo**ch**, das Bu**ch**, la**ch**en, wi**ch**tig

Drachenleben

Acht Drachen wohnen in einem großen Loch. Sie machen Krach und spielen dabei auch noch. Sie können nicht lesen und kennen keinen Besen. Aber sie kochen und lieben Kuchen. Möchtest du sie einmal besuchen?

35 Wörter

Wörterschlange

- Bitte einen Erwachsenen, die **ch**-Wörter des Diktates als Wörterschlange aufzuschreiben.

  Beispiel: DrachenlebenachtDrachenLoch …

- Deine Aufgabe ist es, die einzelnen Wörter ausfindig zu machen und richtig aufzuschreiben.
- Die Schwierigkeit dieser Übung kann gesteigert werden, wenn z. B. alle Buchstaben klein- oder großgeschrieben werden.

Harter und weicher Anlaut

Die Buchstaben **B/b** und **P/p**, **D/d** und **T/t**, **G/g** und **K/k** am Anfang eines Wortes klingen ähnlich. Man kannt sie leicht verwechseln. Beim Schreiben dieser Buchstaben hilft die Pusteprobe (s. Seite 126).

Beispiele: **b**acken – **p**acken, der **D**ank – der **T**ank, der **G**arten – die **K**arten

Erwischt

Vampir Leo sitzt im Gras. Er isst Käfer aus seiner Dose und trinkt Saft. Er geht heute nicht zur Schule. Er mag keine Briefe schreiben. Bücher lesen mag er auch nicht. Da hört Leo seinen Namen. Sein Papa kommt über die Wiese …

44 Wörter

Wörter mit Qu/qu

Der Laut „kw“ wird anders geschrieben als gesprochen. Man hört den Laut „kw“ und schreibt **Qu/qu**.

Beispiele: der **Qu**ark, **qu**aken

Piratenfahrt

Kai und Suse quengeln. Ihnen ist langweilig. Papa ist von den Quälgeistern schon genervt. Dann hat Suse die Idee, Seeräuber zu spielen. Schnell setzen sie sich in ihr Boot und treiben im flachen Wasser umher. Sie quieken vor Freude, quatschen und beobachten die Quallen im Meer. Doch was ist das? Die Kinder hören ein Geräusch. Das Boot fängt an zu wackeln. Plötzlich steht es quer und ein großes Monster schaut Kai und Suse an. Sie schreien vor Angst. „Jetzt sind wir quitt!“, lacht Papa.

85 Wörter

Wörterqualle

- Zeichne auf ein großes Blatt Papier die Umrisse einer Qualle.
- Trage nun die **Qu/qu**-Wörter aus dem Übungstext in die Qualle ein und ergänze weitere **Qu/qu**-Wörter. Du kannst dein Wörterbuch verwenden, um möglichst viele zu finden.
- Markiere **Qu/qu** farbig und hänge das Bild an einen Ort, wo du regelmäßig übst.

b oder p?

Am Wortende sind **b** und **p** beim Sprechen meist kaum zu unterscheiden. Um herauszufinden, ob ein Wort mit **b** oder **p** geschrieben wird, muss man es verlängern.

Beispiele: der Sta**b** – die Stä**b**e, hal**b** – hal**b**e, er gi**b**t – ge**b**en

Rätsel

Sein Mund heißt Maul. Er ist flink, jedoch auch faul.
Er ist lieb, aber manchmal auch ein kleiner Dieb.
Klaut er etwas, dann rufen die Menschen: „Du Lump!"
Das ist ganz schön plump.
Ist er gefährlich, muss er einen Maulkorb tragen. So kann man sich in seine Nähe wagen.
Sein Fell ist nicht gelb und auch nicht blau, aber braun oder schwarz und im Alter grau.
Manche sind schlank, andere rund.
Weißt du, wer es ist? Es ist der ________!

80 Wörter

d oder t?

Am Wortende sind **d** und **t** beim Sprechen meist kaum zu unterscheiden. Um herauszufinden, ob ein Wort mit **d** oder **t** geschrieben wird, muss man es verlängern.

Beispiele: das Ban**d** – die Bän**d**er, wil**d** – wil**d**er, er verschwan**d** – verschwin**d**en

Achtung! Verben in der 3. Person Einzahl (Singular) enden in der Gegenwartsform **immer** mit **t**!

Beispiele: er sing**t**, sie mal**t**, es gib**t**

Überraschung

Schnell schwingt sich Peter auf sein Rad. Er trifft sich mit Freunden im Wald. Sie wollen heute im Zelt übernachten. Peters Zelt ist groß, rund und grün. Die Kinder haben sich als Indianer verkleidet. Sie schreien laut und springen wild herum. Als die Nacht kommt, singen sie noch ein Lied und schlafen ein. Ein Geräusch weckt sie. Vorsichtig sehen sie nach. Erst sind sie in der Dunkelheit ganz blind. Dann trauen sie ihren Augen kaum. Ein Häuptling steht vor ihnen. Kann das wahr sein?

85 Wörter

Adjektivschlange

Die Schlange hat zehn Adjektive verschluckt. Finde sie, schreibe sie auf und notiere auch die Steigerungsform.

Beispiel: alt – älter

g oder k?

Am Wortende sind **g** und **k** beim Sprechen meist kaum zu unterscheiden. Um herauszufinden, ob ein Wort mit **g** oder **k** geschrieben wird, muss man es verlängern.

Beispiele: der Zwer**g** – die Zwer**g**e, klu**g** – klü**g**er, er flie**gt** – flie**g**en

Oh Schreck!

Endlich geht es los! Mit unserer Schulklasse machen wir einen Ausflug zu einer Burg. Der Weg ist weit und anstrengend. Was uns dort erwartet, klingt wie ein böser Spuk. Eine Maus nagt an einem Stück Käse. Eine große Spinne winkt uns zu. Ritterrüstungen laufen umher. Eine schwere Eisentür schlägt krachend zu. Keiner von uns traut sich, etwas zu sagen. Alle halten die Luft an. War es klug, hierher zu kommen? Schnell laufen wir an die frische Luft. Der Spuk hat ein Ende.

84 Wörter

Wörter mit V/v

Der Buchstabe **V/v** kann wie „w“ oder wie „f“ gesprochen werden.

Beispiele: die **V**ase, der **V**ogel

Tipp: Lege dir eine Lernkartei, ein Merkheft oder einen Merkzettel mit **V/v**-Wörtern an und übe sie regelmäßig.

Der Traum

Die Vase kippt um. Ein winziger Vampir schleicht heraus. Er schaut sich neugierig um. Überall sieht er brennende Vulkane. Vögel fliegen durch die Luft. Veilchen und andere Blumen duften. Vorsichtig läuft der Vampir herum. Er hofft, dass er vielleicht einen Dinosaurier sieht. Was war das? Ein langer Schwanz zieht an ihm vorbei. Es war eine Schlange. Aber dann sieht er am Horizont vier Dinosaurier. Vor Begeisterung lacht der Vampir laut. Max wacht davon auf. Er hat im Schlaf gelacht. Alles war nur ein Traum.

86 Wörter

V-Wörter

Welche Wörter mit **V** sind hier gemeint? Ergänze sie, schreibe sie mit Artikel auf und lass sie anschließend kontrollieren.

✱ i o ✱ ✱ n e
✱ e ✱ b a ✱ d
✱ e n t ✱ ✱ a t ✱ r
✱ a ✱ e r
✱ e n ✱ i l

Wörter mit Sp/sp oder St/st

Wörter mit **Sp/sp** oder **St/st** werden am Anfang anders gesprochen als geschrieben. Man spricht „schp" und „scht" und schreibt **Sp/sp** und **St/st**.

Beispiele: **sp**ielen, der **St**amm

Halloween

Am 31. Oktober feiern wir Halloween. Man ist sich nicht ganz sicher, ob dieser Brauch aus England, Irland oder Amerika stammt. In den Städten und Dörfern verkleiden sich Kinder an diesem Abend als Gespenster, Monster oder Hexen. Sie spazieren auf den Straßen von Haus zu Haus und sagen gruselige Sprüche auf. Auf diese Weise erhalten sie Süßigkeiten von den Menschen. Das macht jedem Kind viel Spaß. Später, wenn es dunkel ist, sieht man vor vielen Haustüren etwas brennen. Weißt du, was das ist?

84 Wörter

Jagd im Mittelalter

Der Knappe Albert weiß, dass nur der Adel große Tiere jagen darf, alle anderen werden dafür bestraft. Die Jagd ist für ihn Sport, Spannung und eine gute Vorbereitung auf den Kampf. Bei der Treibjagd werden stumpfe Stäbe auf den Boden geschlagen. Die verängstigten Waldtiere rennen davon und werden in die Arme der Jäger getrieben. Bei der Hetzjagd jagen Hunde die Tiere bis zur Erschöpfung. Für die Hunde ist das ein Spiel. Albert freut sich darauf, die Beute zu verspeisen.

82 Wörter

Geheimschrift

- Dein Partner schreibt Wörter mit **Sp/sp** und **St/st** auf und fertigt die Geheimschrift dazu an.
- **Geheimschrift:** Die einzelnen Buchstaben des Wortes werden durch senkrechte Striche ersetzt. Die langen Striche zeigen an, ob der Buchstabe „in den Keller“ (f, g, p usw.) oder „ins Dach“ (h, l, t usw.) geht.

Beispiel: 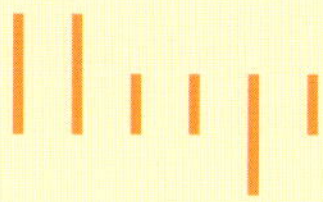 (= Stange)

- Ordne die Geheimschrift den Wörtern zu und schreibe die Wörter nochmals auf.
- Lass die Wörter von deinem Partner kontrollieren.

Wörter mit x

Es gibt nur wenige Wörter mit **x**. Am besten merkst du sie dir gut!

Beispiele: die Pra**x**is, e**x**tra

Achtung! Es gibt Laute, die wie ein **x** klingen, aber anders geschrieben werden (siehe Diktat auf S. 38).

Tipp: Übe die Wörter mit **x** regelmäßig. Gestalte mit ihnen ein **x**-Plakat oder lege eine Lernkartei, ein Merkheft bzw. einen Merkzettel an.

Krankheiten im Mittelalter

Im Mittelalter kamen viele Menschen durch schlimme Krankheiten wie Pest oder Pocken ums Leben. Oft starben die Kinder zuerst, weil sie besonders schwach waren. Die Reichen konnten sich Ärzte und Experten leisten. Manche Krankheiten erkannten diese an der Farbe des Urins. Sie mixten daraufhin extra Heilmittel. Diese gaben sie ihren Patienten. Die armen Leute suchten anderen Rat. Sie experimentierten häufig mit Kräutern und hofften auf eine heilende Mixtur. Es bestand jedoch die Gefahr, daraufhin als Hexe bezeichnet und verfolgt zu werden.

84 Wörter

Buchstabensuppe

- Sammle Wörter mit **x** und schreibe sie auf Karteikarten (ein Wort pro Karte). Auf der Vorderseite steht das Wort, auf der Rückseite die „Buchstabensuppe“ des Wortes.

Beispiel:

Vorderseite

Rückseite

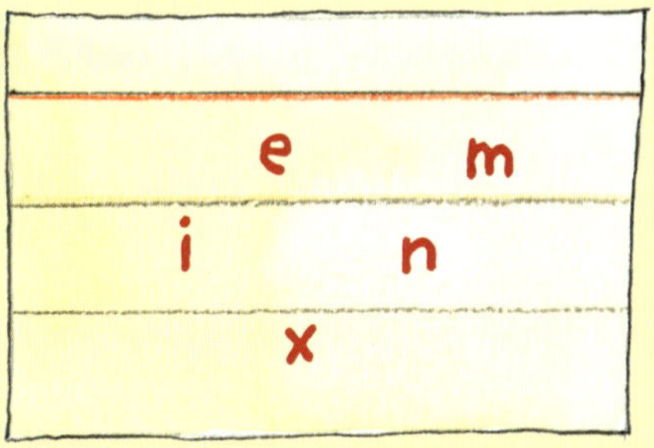

- Lege nun die Karten so vor dich hin, dass du die „Buchstabensuppen“ siehst.
- Ordne die Buchstaben und schreibe die Wörter in dein Heft.
- Kontrolliere deine Wörter danach anhand der Kartenvorderseiten.

Wörter mit ks-Laut

Der **ks**-Laut kann unterschiedlich geschrieben werden: **chs**, **ks**, **cks**, **x** oder **gs**. Die verschiedenen Schreibungen kann man aber nicht hören. Man muss die Wörter also auswendig lernen.

Beispiele: der Lu**chs**, der Ke**ks**, der Kle**cks**, der Te**x**t

Tipp: Oftmals ist es hilfreich, wenn du versuchst, das Wort abzuleiten, bzw. wenn du nach der Wortfamilie fragst, aus der das Wort stammt.

Beispiel: unterwe**gs** – der We**g**

Auf der Jagd

Während die Frauen im Mittelalter Beeren und Kräuter suchten, die im Wald wuchsen, gingen die Männer auf die Jagd. Aufmerksam schlichen sie durch die Wälder, um Wild zu erlegen. Sie hielten aber nicht Ausschau nach Füchsen, Luchsen oder Dachsen, sondern nach Kaninchen und Rebhühnern. Kein Ast durfte unter ihrem Gewicht knacksen, keine Bewegung zu schnell sein. Sie schauten nach links und nach rechts. Überall hatten sie ihre Augen, wenn sie unterwegs waren. Auch ein Glücksbringer war stets dabei. Er sollte ihnen einen guten Fang bescheren. Dann ein Schuss und das Mahl war gerettet. Stolz kehrten sie mittags zurück. Abends gab es Kaninchen mit einem Klecks Kartoffelbrei.

109 Wörter

1.3 s-Laute

s am Wortende

Am Ende eines Wortes schreibt man **s**, wenn man beim Verlängern ein weich ausgesprochenes stimmhaftes „s" hört.

Beispiele: der Krei**s** – die Krei**s**e, er nie**s**t – nie**s**en

Burgleben

Heute laufen auf der Burg alle nervös umher. Der Kies knirscht unter ihren Schritten. Die Maus schaut schon ganz verängstigt aus ihrem Loch. Es wird ein großes Fest gefeiert! Endlich ist es so weit. Das Essen mit Gans, Schwein und Gemüse wird auf den Tischen verteilt. Alle heben ihr Glas. Es wird getrunken, gegessen, gelacht und getanzt. Die Menschen sind festlich gekleidet und haben viel Spaß. Noch bis in die Nacht hinein sitzen sie fröhlich im Gras und einer aus der Runde liest vor.

85 Wörter

ss am Wortende

Nach einem kurzen, betonten Vokal schreibt man das stimmlose (scharfe) „s“ meist als **ss**.

Beispiele: der Ku**ss**, er mu**ss**

Die Piratenflagge

Kennst du die Flagge mit dem Totenkopf und den gekreuzten Knochen? Das ist wohl die bekannteste Fahne der Piraten. Die Geschichte der Piraten zeigt aber, dass es noch andere Flaggen gegeben haben muss. Die Fahne mit abgebildeter Sanduhr versetzte die Gegner unter Stress. Sie wurden blass vor Angst, denn es war gewiss, dass ihre Zeit nun abgelaufen war. Je nach Anlass und Laune war eine andere Fahne am Piratenschiff zu sehen. Hast du auch schon solch eine Flagge gebastelt und bemalt?

83 Wörter

Sätze bilden

- Bilde eigene Sätze und verwende pro Satz eines der Wörter auf den Flaggen.
- Schreibe die Sätze auf und kennzeichne in den Wörtern den kurzen Vokal vor dem **ss** mit einem Punkt.
- Lass deine Sätze kontrollieren.

Wörter mit ß

Nach einem langen Vokal oder Doppellaut schreibt man das stimmlose (scharfe) „s“ meist als **ß**.

Mache bei Wörtern mit einem **s**-Laut am Wortende die Verlängerungsprobe, um das stimmlose „s“ zu hören. Das **ß** steht niemals am Wortanfang!

Beispiele: der Gruß – die Grüße, süß – süßer, es schließt – schließen

Piratengeburtstag

Jens feiert Geburtstag. Alle sind als Seeräuber verkleidet. Zuerst essen sie Nudeln mit Soße. Sind die heiß! Dann toben sie draußen herum. Schließlich bauen die Freunde ein Piratenfloß. Jeder weiß, was er zu tun hat. Schweiß steht ihnen auf der Stirn. Es macht großen Spaß! Nun stellen sich immer zwei Kinder auf das Floß. Sie kämpfen so lange, bis eines das andere herunterschmeißt. Der Gewinner bleibt oben stehen und erhält eine leckere Süßigkeit.

74 Wörter

Verliebt

Ella hat sich als Seeräuber verkleidet. Nur so kann sie mit auf das Schiff und bei ihrer großen Liebe Tom sein. Frauen sind nämlich auf Piratenschiffen verboten. Ella hat vor Angst einen dicken Kloß im Hals. Sie beißt sich auf die Zunge, um ja keinen Laut von sich zu geben. Endlich erzittert das Schiff unter einem kräftigen Stoß und legt ab. Ella wird im hektischen Treiben an Bord nicht beachtet. Außer von Tom – sie grüßen sich heimlich und sind glücklich.

81 Wörter

Wörter mit s, ss oder ß

Das stimmhafte (weiche) „s“ schreibt man immer als **s**.

Das stimmlose (scharfe) „s“ schreibt man nach langem Vokal oder Doppellaut als **ß**, nach kurzem Vokal als **ss**.

Beispiele: der Spa**ß**, flie**ß**en, der Schu**ss**, das Me**ss**er, bla**ss**

Achtung! Es gibt Wörter, bei denen trotz kurzen Vokals **kein ss** geschrieben wird, sondern ein einfaches **s**. Diese Wörter musst du dir gut merken!

Beispiele: der Bu**s**, der Kürbi**s**, die Anana**s**, bi**s**

Tipp: Steht der **s**-Laut am Wortende, kannst du mithilfe der Verlängerungsprobe herausfinden, ob es sich um ein stimmhaftes oder stimmloses „s“ handelt.

Zeugen der Geschichte

Von den vielen Burgen und Schlössern, die es im Mittelalter gab, sind bis heute nicht mehr viele übrig geblieben. Ein großer Teil der Burgen ist spurlos verschwunden. Es sind keine Mauerreste mehr vorhanden. Der frühere Standort lässt sich bloß anhand von Aufzeichnungen erahnen. Die übrigen Burgen wurden entweder neu aufgebaut oder sind als Ruinen zu besichtigen. Die Ruinen unterscheiden sich jedoch stark in der Größe und Anzahl noch vorhandener Mauerreste. Mit ein wenig Fantasie und Wissen kann man sich allerdings vorstellen, wie die Burg oder das Schloss vor tausend Jahren ausgesehen haben muss.

96 Wörter

das oder dass

Das Wort **das** ist ein Artikel oder ein Pronomen.

Beispiel: **Das** finde ich gut. **Das** T-Shirt, **das** ich am liebsten mag, ist rot.

Kann man das Wort durch **welches**, **dieses** oder **jenes** ersetzen, schreibt man es mit **s**.

Beispiel: Das Fest, **das** (oder: **welches**) wir heute feiern, wird noch lange dauern.

Das Wort **dass** ist ein Bindewort. Es verbindet zwei Sätze miteinander.

Beispiel: Er ist sich sicher, **dass** es heute regnen wird.

Piratenalltag

Das Leben der Piraten war meist hart und mühsam. Es kam selten vor, dass sie reiche Beute machten. Manchmal trieben sie wochenlang auf hoher See, ohne dass etwas passierte. Dann betranken sie sich vor Langeweile so sehr, dass es zum Streit kam. Aber das Warten lohnte sich auch. Immer wieder näherte sich ein fremdes Schiff, das dann angegriffen und ausgeraubt wurde. Das Gefecht war in der Regel kurz und heftig und führte bei den Piraten oft zu schlimmen Verletzungen, die ohne Narkose behandelt werden mussten. Das Beutegut, das sie sich erkämpft hatten, verschleuderten die Piraten aber meist innerhalb kürzester Zeit.

101 Wörter

1.4 Dehnung

Wörter mit Doppelvokal (aa, ee, oo)

Die Verdopplung von Selbstlauten ist ein Dehnungszeichen. Es gibt nur wenige Wörter mit doppeltem Selbstlaut. Diese musst du dir gut merken!

Beispiele: die Waage, leer, das Boot

Tipp: Lege dir zu Wörtern mit doppeltem Selbstlaut eine Lernkartei, ein Merkheft oder einen Merkzettel an und übe sie regelmäßig. Schau sie dir dabei genau an und schreibe sie richtig ab.

Unter Wasser

Paul lebt nicht im Meer. Das ist ihm zu salzig. Paul wohnt in einem See. Er ist ein Aal und sitzt gerne in den Algen. Nur selten stört ihn dort ein Boot. Kennst du Paul?

37 Wörter

Wörterpuzzle

Setze die Nomen richtig zusammen und schreibe sie mit Artikel auf.

Segel	Haar	Erd	Schnee	Zoo
beere	boot	besuch	bürste	mann

Wörter mit ie

Wörter mit einem lang gesprochenen „i" werden meistens mit **ie** geschrieben.

Beispiele: das Lied, lieben, vier

Mitternacht

Die Uhr schlägt zwölf Mal. Geister fliegen durch die Nacht. Auf den Wiesen und Feldern ist es still. Viele Tiere schlafen. Manche sind aber auch wach und spielen auf der Lichtung. Plötzlich sind sie weg. Es wird wieder hell.

40 Wörter

Bienenfutter

- Zeichne den Umriss einer Biene auf ein großes Blatt Papier. Sie muss Blütenstaub in Form von **ie**-Wörtern sammeln.
- Schreibe Wörter mit **ie** in die Biene und markiere das **ie** farbig.

Zeitvertreib

Susi ist vier Jahre alt. Am liebsten spielt sie mit ihrem großen Bruder. Frank ist am Dienstag schon sieben geworden. Er versteckt Dinge und Susi muss sie wieder finden. Susi findet das spannend. Für Frank ist es aber langweilig. Viel lieber würde er mit Susi toben.

47 Wörter

Wörter mit Dehnungs-h

Das **h** nach einem Vokal ist ein Dehnungszeichen. Man nennt es Dehnungs-**h**. Man kann es nicht hören. Diese Wörter musst du dir merken!

Beispiele: der Verke**h**r, zä**h**men, ä**h**nlich

Opa erzählt

Anne übernachtet bei den Großeltern. Abends erzählt Opa eine spannende Geschichte:
Im Mittelalter verließen die Menschen mit dem Vieh schnell die Dörfer, wenn der Feind kam. Sie suchten hinter den Burgmauern Schutz. Es war wichtig, dass die Bewohner der Burg genügend Nahrung gelagert hatten. So konnten sie ohne Hunger warten, bis der Feind abzog. Aber die Menschen führten auch in Friedenszeiten ein beschwerliches Leben.
Anne ist erleichtert, dass das nicht mehr so ist. Zum Glück kann sie sich heute Nacht wohl und sicher fühlen.

86 Wörter

Pantomime

- Schreibe ein Wort mit Dehnungs-**h** auf, das du pantomimisch darstellen kannst.
- Spiele das Wort deinem Partner vor. Er muss es erraten und aufschreiben. Ist alles richtig, so erhält er einen Punkt.
- Nun werden die Rollen getauscht.

Wörter mit silbentrennendem h

Das silbentrennende **h** dient dazu, zwei Vokale voneinander zu trennen. Man kann es hören, wenn man das Wort in Silben getrennt spricht. Steht das **h** am Ende des Wortes, muss man die Verlängerung bilden.

Beispiele: die Ru-**h**e, ste-**h**en, das Re**h** – die Re-**h**e

Bei den Indianern

Früher glaubte man, dass Amerika gar nicht Amerika, sondern Indien sei. Deshalb nannte man die Menschen dort Indianer. Das war natürlich ein Versehen, aber es blieb dennoch bei diesem Namen. Bald nach der Entdeckung Amerikas erhoben Einwanderer aus Europa Anspruch auf das Land. Sie drohten den Indianern und ruhten nicht, bis es zu einer Reihe von großen Kriegen kam, die die Indianer alle verloren. Damals ist den verschiedenen Stämmen viel Leid geschehen.
Heute gibt es immer noch Indianerstämme. Sie leben in abgetrennten Gebieten, die Reservate genannt werden. Die Menschen in Amerika bemühen sich aber nun, friedlich miteinander auszukommen.

101 Wörter

Wörter mit langem i

Das lang gesprochene „i“ wird meistens als **ie** geschrieben. Es gibt aber wenige Wörter, bei denen nur ein **i** steht. Diese Wörter musst du dir merken!

Beispiele: das K**i**no, die B**i**bel, w**i**r

Achtung!

Es gibt nur wenige Wörter mit **ih**. Sie kommen aber recht häufig vor. Du musst sie dir merken:

ihm, **ih**n, **ih**nen, **ih**r, **ih**re, **ih**ren

Rätselwörter mit langem i

Wenn man krank ist, geht man meist zum Arzt. Er verschreibt eine _______ (7 Buchstaben), die man einnehmen soll.

Getrocknete Trauben nennt man _______ (7 Buchstaben).

Es ist ein gefährliches Tier. Es ist grün und hat viele scharfe Zähne. _______ (8 Buchstaben)

Dieses Tier ist ein guter Schwimmer. Es ist braun und kann mit seinen scharfen Zähnen Bäume fällen. _______ (5 Buchstaben)

Viele Kinder halten es zu Hause oder im Garten in einem Stall. Es hat ein weiches Fell und besondere Ohren. Es ist kein Hase, sondern ein _______ (9 Buchstaben).

85 Wörter

Wörterwerkstatt

Hänge an die Wortteile die passenden Endungen an und schreibe die Wörter mit Artikel auf.

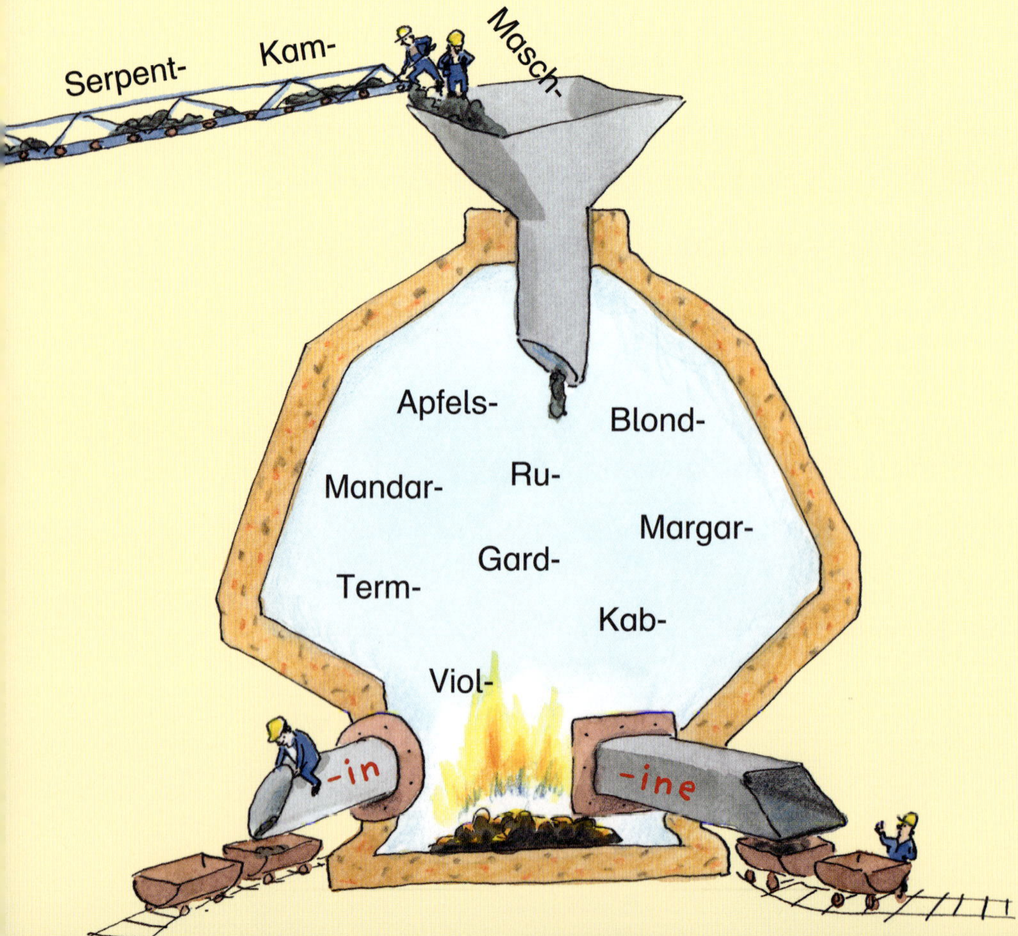

1.5 Schärfung

Wörter mit Doppelkonsonant

Nach kurzen Selbstlauten oder Umlauten folgen meistens zwei Mitlaute. Es können zwei gleiche Mitlaute sein.

Beispiele: der Stamm, die Butter, können, still

Tipp: Wenn du die Wörter in Silben unterteilt deutlich sprichst, hörst du den doppelten Mitlaut gut.

Verhext!

Hexe Lola möchte Drachen steigen lassen. Die Sonne steht hoch am Himmel. Es ist Sommer. So wird das nichts. Lola hext sich anderes Wetter herbei. Es stürmt und die Blätter fallen von den Bäumen. Die Hexe freut sich!

39 Wörter

Am Nordpol

Eisbär Jens lebt auf einer Scholle. Sie ist aus Eis. Es ist sehr kalt, aber die Sonne scheint. Die Mutter fängt für Jens und seinen Bruder jeden Tag Fische. Die frisst Jens besonders gern. Manchmal sieht er in der Ferne Wale schwimmen.

44 Wörter

Wörter ordnen

- Ordne die Wörter. Immer drei gehören zusammen.
- Schreibe die Wörter in Gruppen auf und markiere den doppelten Mitlaut farbig.

der Sonnenbrand – schattig – die Verbrennung – stimmen – sich sonnen – beschatten – brennbar – die Stimmung – die Stimme – brennen – die Sonne – der Schatten

Wörter mit tz

Nach einem kurzen Vokal wird der Konsonant **z** verdoppelt. Statt **zz** schreibt man aber **tz**.

Beispiele: das Schnitzel, witzig, schwitzen

Katze Minka

Minka ist Omas Katze. Sie hat weiße Tatzen und einen schwarzen Streifen am Ohr. Besonders gern springt die junge Katze in Pfützen. Danach putzt sie sich sorgfältig. Meistens ist Minka brav, aber gestern war sie plötzlich weg. Wir mussten sie den ganzen Mittag über suchen. Minka hatte sich in Omas Mützen gewühlt, die nun alle voll mit Katzenhaaren sind! Oma hatte vergessen, die Schranktür zu schließen. Wenn man Minka ärgert, kratzt sie und rennt blitzschnell weg.

78 Wörter

Die tz-Katze

- Male den Umriss einer Katze auf ein Blatt Papier. Fülle dein Katzenbild mit **tz**-Wörtern.
- Immer wenn du ein neues **tz**-Wort lernst, kannst du es in die Katze schreiben.
- Male deine Katze noch schön an.

Wörter mit zz

Nach einem kurzen Vokal folgen oft zwei gleiche Konsonanten. Statt **zz** schreibt man aber meistens **tz**. Es gibt nur wenige Wörter mit **zz**. Diese Wörter musst du dir merken!

Beispiele: das Puzzle, die Pizza, die Razzia

Der Unfall

Zwei Autos sind ineinandergefahren. Menschen laufen aufgeregt herum. Die Polizei kommt angefahren. Nun geht alles schnell. Gibt es verletzte Personen? Wie ist der Unfall passiert? Ein Polizist macht eine Skizze. Er zeichnet auf, wie die Autos stehen. Dann schreibt er Notizen in ein Heft. Zum Glück ist niemandem etwas passiert. Nur die Autos haben Schrammen und sind ein bisschen dreckig geworden. Die Polizisten setzen sich wieder in ihr Auto und fahren weg. Die anderen müssen sich von dem Vorfall erholen. Sie gehen Pizza essen.

86 Wörter

Wörter mit ck

Nach einem kurzen Vokal wird der Konsonant **k** verdoppelt. Statt **kk** schreibt man aber **ck**.

Beispiele: die Schne**ck**e, aufwe**ck**en, le**ck**er

Märchen oder Wahrheit?

Zwerge sind kleine Geisterwesen. Sie verstecken sich in Höhlen und zeigen sich nur selten. In der Dämmerung kann man sie jedoch manchmal entdecken.
Elfen haben Flügel und leben in Wäldern, Hecken und auf Wiesen. Dicke Elfen gibt es nicht, sie sind alle schlank und zart. Außerdem sind sie fröhlich und nett.
Nachts kommen Vampire und Gespenster aus ihren Verstecken hervor. Wenn du sie je erblicken solltest, wirst du dich bestimmt erschrecken.
Hast du schon eines dieser Wesen gesehen?

81 Wörter

Wörterzauber

- Suche zu den beiden Wörtern jeweils drei Reimwörter.
- Schreibe sie mit Artikel auf und markiere das **ck** farbig.
- Ordne die Wörter abschließend nach dem Alphabet.

die E**ck**e die Brü**ck**e

Wörter mit tz oder ck

Nach einem kurzen Vokal werden die Konsonanten **z** und **k** verdoppelt. Statt **zz** schreibt man **tz**, statt **kk** schreibt man **ck**.

Beispiele: die Hi**tz**e, we**tz**en, die Entwi**ck**lung, zurü**ck**

Bei den Eskimos

Der Begriff Eskimo ist ein indianisches Wort. Was es genau heißt, weiß man letztlich nicht. Die Eskimos selbst nennen sich Inuit. Sie leben zum Beispiel in Grönland und Alaska.
Früher wohnten die Eskimos in Iglus aus Eis und Schnee. Mehr als vier Personen hatten darin kaum Platz. Die Frauen nähten Jacken aus Robbenfell. Diese waren ein guter Schutz gegen die Kälte. Außerdem stellten die Eskimofrauen Mützen her. Sie setzten sich dazu auf Bänken aus trockenem Eis zusammen. Ein Fell über der Bank sorgte dafür, dass es ihnen nicht zu kalt wurde.
Die Männer gingen mit spitzen Harpunen auf Walfang. Das erforderte viel Geschick und Mut.

108 Wörter

Konsonantenhäufung

Nach einem kurzen Vokal oder Umlaut folgen mehrere Konsonanten. Es können zwei gleiche, aber auch zwei oder mehr verschiedene Konsonanten sein.

Beispiele: die Tanne, treffen, der Tisch, links, rechts

Der Kopfschmuck der Indianer

An Fasching verkleiden sich viele Kinder als Indianer. Dann darf der Kopfschmuck nicht fehlen. Man nennt ihn Federhaube. Die meisten wissen, wie diese Haube aussieht. Aber weißt du auch, was sie für richtige Indianer bedeutet? Je nach Stamm wurde sie unterschiedlich gestaltet. Nur Häuptlinge und tapfere Krieger durften sie tragen. Für jede mutige Tat gab es eine Feder. Je mehr Federn an der Haube befestigt waren, desto mutiger war also der Indianer. Eine Federhaube aus Adlerfedern war sehr wertvoll. Auf eine solche waren die Indianer besonders stolz.

91 Wörter

Wörterschlange

In dieser Wörterschlange verstecken sich fünf Wörter mit Konsonantenhäufung. Finde sie heraus und schreibe sie auf. Achte dabei auf die richtige Groß- und Kleinschreibung!

2.1 Vorangestellte Wortbausteine

Die Wortbausteine Ver-/ver- und Vor-/vor-

Die Wortbausteine **Ver-/ver-** und **Vor-/vor-** klingen am Anfang wie „f". Sie werden aber mit **V/v** geschrieben.

Beispiele: der **Ver**kehr, **ver**lieren, die **Vor**sicht, **vor**tanzen

Wie verzaubert

Die kleine Fee Nora ist wie verzaubert. Sie ist verliebt. Sie kann ihren Freundinnen nicht mehr vorlesen. Sie vergisst ihren Vornamen. Gestern hat Nora sogar Geld verlegt. Alles ist anders. Ob Elo der kleinen Fee das ansieht?

39 Wörter

Wörterblume

Bilde Wörter mit den Vorsilben **Ver-/ver-** und **Vor-/vor-** und schreibe sie auf.

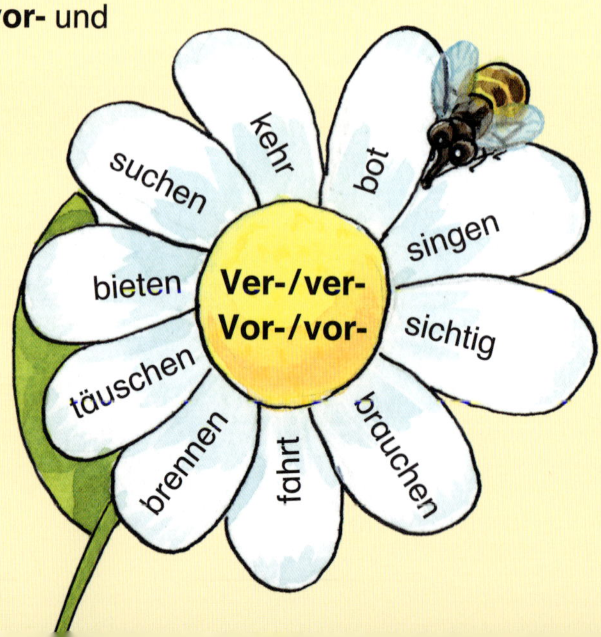

Der Wortbaustein Miss-/miss-

Vorangestellte Wortbausteine können die Bedeutung von Wörtern verändern. Einige Wörter werden mit dem Wortbaustein **Miss-/miss-** gebildet. Er drückt ein schlechtes Gegenteil aus.

Beispiele: der Erfolg – der **Miss**erfolg, glücken – **miss**glücken

Auf und davon

Missmutig schaut Felix aus dem Fenster. Das Wetter ist nicht schön. Das missfällt ihm sehr. Außerdem hat er in der Schule einen echten Misserfolg erlebt. Er war schlecht in Mathe. Zum Glück gibt es Papa. Er möchte mit Felix einen Drachen bauen. Misstrauisch schaut Felix seinen Vater an. Wie soll denn das gehen? Gemeinsam tragen sie die Sachen nach draußen in den Garten. Sie basteln und werkeln. Der Drache wird toll. Doch plötzlich fängt er an, sich zu bewegen. Lachend fliegt er davon. Kann das sein?

89 Wörter

Der Wortbaustein zer-

Mit dem Wortbaustein **zer-** können aus Wörtern neue gebildet werden. Der Wortbaustein **zer-** bedeutet eine Veränderung eines Ganzen in Teile.

Beispiele: reißen – **zer**reißen, fallen – **zer**fallen

Die Entdecker

Ina und Paul schleichen durch den Wald. Sie spielen Indianer. Die beiden hoffen, ein großes Tier zu entdecken. Hierzu müssen sie ganz leise sein. Äste zerkratzen ihre Beine, kleine Insekten zerstechen ihre Arme. Aber das ist Ina und Paul egal. Ein Indianer kennt keinen Schmerz. Sie achten darauf, dass sie keine Blumen und Pilze zertreten. Schließlich möchten sie im Wald nichts zerstören. Plötzlich entdecken die beiden ein großes, braunes Tier. Es ist nicht weit von ihnen entfernt. Was könnte das wohl sein?

84 Wörter

Sätze bilden

- Sammle weitere Wörter mit **zer-** und bilde mit ihnen eigene Sätze.
- Bitte jemanden, deine Sätze zu kontrollieren.

Die Wortbausteine Ver-/ver- und Vor-/vor-

Vorangestellte Wortbausteine können die Bedeutung von Wörtern verändern. Viele Wörter werden mit den Wortbausteinen **Ver-/ver-** und **Vor-/vor-** gebildet. Sie klingen am Anfang wie „f“, werden aber mit **v** geschrieben.

Beispiele: **ver**schreiben, **ver**fahren, **vor**schreiben, das **Vor**bild

Geht alles gut?

Heute ist ein besonderer Tag. Kinder der dritten Klassen dürfen in der Turnhalle ein Theaterstück vorführen. Manche Kinder werden Lieder vorsingen, andere sind für das Vorlesen von Texten eingeteilt. Die Kinder sind nervös. Sie haben Angst, dass sie sich versingen, sich verlesen oder sich auf der Bühne verlaufen. Andere hoffen, dass sie ihren Text nicht vergessen. Sie haben ihn auswendig gelernt. Endlich geht es los. Das Programm verläuft nach Plan! Die Kinder sind stolz auf sich. Hast du auch schon etwas vor Publikum vorgeführt?

87 Wörter

Die Wortbausteine ab- und weg-

Bei den Wortbausteinen **ab-** und **weg-** muss man besonders aufpassen, weil sie am Ende anders geschrieben als gesprochen werden.

Beispiele: **ab**wischen, **weg**stellen

Wenn man ein Wort mit einem vorangestellten Wortbaustein verbindet, können zwei gleiche Konsonanten aufeinanderstoßen. Achte beim Schreiben darauf!

Beispiele: **abb**rennen, **wegg**ehen

Ärger in der Schule

Uli ist wütend. Immer muss er sich von seinem Freund Jens wegsetzen. Die Lehrerin meint, er würde abschreiben und Jens im Unterricht ablenken. Dabei ist das gar nicht wahr. Doch die Lehrerin lässt sich nicht davon abbringen. Am liebsten würde Uli die Schulsachen wegwerfen und weggehen. Traurig setzt er sich auf den anderen Platz. Bis zur Pause macht er nicht mehr mit. Er muss sich zuerst abreagieren. Danach ist alles wieder gut.
Wurdest du auch schon ungerecht behandelt?

82 Wörter

Wörterkopfstand

- Bilde mit den vorangestellten Wortbausteinen und den Verben Wörter. Schreibe jedes Wort auf eine Karteikarte.

ab-

weg-

bremsen brechen werfen

brennen gießen

geben biegen

blasen tragen

setzen laufen binden

- Schaue dir die Karteikarten verkehrt herum an und schreibe die Wörter in dein Heft.
  Oder:
  Du kannst auch einen richtigen Kopfstand machen und dir die Karteikarten in dieser Haltung ansehen. Setze dich danach hin und schreibe das Gelesene auf.
- Kontrolliere anschließend deine Arbeit selbst anhand der Karteikarten.

Die Wortbausteine er-, zer- und ent-

Vorangestellte Wortbausteine können die Bedeutung von Wörtern verändern. Viele Wörter werden mit den Wortbausteinen **er-**, **zer-** und **ent-** gebildet.

Wenn man ein Wort mit einem vorangestellten Wortbaustein verbindet, können zwei gleiche Konsonanten aufeinanderstoßen. Achte beim Schreiben darauf!

Beispiele: **err**ichten, **zerr**upfen, **entt**arnen

Achtung! Wenn die Wortfamilie „Ende" gemeint ist, schreibt man **d**.

Beispiele: en**d**lich, en**d**los, die En**d**station

Ein toller Fund

Ute und Max fahren mit ihren Fahrrädern an einen kleinen Bach. Dort spielen sie oft miteinander. Als sie heute das Ufer erreichen, entschließen sie sich, Entdecker zu sein. Sie möchten einen Schatz finden. Während sie Steine und Geröll entfernen, erzählen sie sich spannende Geschichten. Doch schnell sind die beiden Kinder enttäuscht. Es scheint, als würden sie nichts finden. Aber was ist denn das? Beim Zerkleinern und Zerreiben von Steinplatten entdeckt Ute einen Abdruck auf einem Stein. Eine Versteinerung! Das sind Überreste von Lebewesen, die bereits vor Millionen von Jahren gestorben sind. Stolz fahren sie nach Hause und lesen in Büchern nach, wie die Versteinerungen entstanden sind.

109 Wörter

2.2 Nachgestellte Wortbausteine

Die Wortbausteine -chen und -lein

Nachgestellte Wortbausteine bestimmen die Wortart. Wörter mit den Wortbausteinen **-chen** und **-lein** sind Nomen. Sie werden großgeschrieben.

Die Wortbausteine **-chen** und **-lein** verkleinern die Dinge. Die Buchstaben **a**, **o**, **u** verändern sich dabei zu **ä**, **ö**, **ü**.

Beispiele: der Hase – das H**ä**s**lein**, der Hut – das H**ü**t**chen**

Im Zwergenland

Die Blume ist ein Blümchen. Der Baum ist ein kleines Bäumchen.
Der Vogel ist ein Vöglein, das Haus ist ein winziges Häuslein.
Der Ball ist ein Bällchen und ein Apfel ist ein Äpfelchen.
Wer ist das mit dem roten Näslein?
Das kann nur ein freches Z__________ sein.

49 Wörter

Dinge schrumpfen lassen

Schreibe auf, was es bei den Zwergen gibt. Verwandle die Wörter. Verwende dazu die Wortbausteine **-chen** und **-lein**.

Tisch – Bett – Stuhl – Topf – Gabel – Messer – Bank – Schrank

Der Wortbaustein -ling

Wörter mit dem Wortbaustein **-ling** sind Nomen und werden großgeschrieben.

Beispiele: der Früh**ling**, der Zwil**ling**, der Häupt**ling**

Was ist das?

Kennst du den Bläuling?
Er ist ein Schönling unter den Tieren. Seine Flügel sind blau. Er ist ein wunderschöner Schmetterling.
Der Bläuling ist aber auch ein Pilz. Man kann ihn essen.
Das gilt auch für den Pfifferling. Magst du Pilze?

43 Wörter

Die Wortbausteine -ig, -lich und -isch

Wörter mit den Wortbausteinen **-ig**, **-lich** und **-isch** sind Adjektive. Sie werden kleingeschrieben.

Beispiele: winz**ig**, pünkt**lich**, erfinder**isch**

Die Jahreszeiten

Im Frühling blühen die ersten Blumen. Eilig kehren die Vögel aus dem Süden zurück. Es wird wieder warm.
Der Sommer bringt uns sonnige Tage. Die Tiere suchen sich schattige Plätze. Die Kinder planschen glücklich im Wasser.
Der Herbst ist launisch. Mal ist es windig, mal ist es sonnig. Oft ist es jedoch regnerisch.
Der frostige Winter bringt meist Schnee und Eis. Auf den Straßen wird es gefährlich glatt. Viele sportliche Menschen fahren Ski.
Bestimmt magst du eine Jahreszeit besonders gern. Welche ist das und warum?

87 Wörter

Die Wortbausteine -ung, -heit und -keit

Mit den Wortbausteinen **-ung**, **-heit** und **-keit** können Nomen gebildet werden. Diese werden großgeschrieben.

Beispiele: umleiten + -ung = die Umleit**ung**, frei + -heit = die Frei**heit**, eitel + -keit = die Eitel**keit**

Unsere Medien

Heute gibt es viele Möglichkeiten, Neuigkeiten zu erfahren. Im Radio hören wir Nachrichten und Musik. In der Zeitung lesen wir, was auf der Welt und bei uns passiert ist. Manchmal erzählen uns auch Freunde Einzelheiten zu bestimmten Ereignissen. Im Fernsehen laufen verschiedene Sendungen. Zur Unterhaltung, zur Bildung und auch zu Fragen der Schönheit. Welche große Erfindung zur Verbreitung von Informationen gibt es noch in unserem Leben?

68 Wörter

Nomenmaschine

Aus Verben werden Nomen. Schreibe die Nomen mit Artikel auf und ordne sie anschließend nach dem Alphabet.

wandern		retten
verkleiden	**-ung**	lesen
meinen		verspäten

Die Wortbausteine -nis und -in

Mit den Wortbausteinen **-nis** und **-in** können Nomen gebildet werden. Diese schreibt man groß. Im Plural (Mehrzahl) wird **-in** zu **-innen** und **-nis** zu **-nisse**.

Beispiele: die Lehrer**in** – die Lehrer**innen**, das Zeug**nis** – die Zeug**nisse**

Beim Imker

Ein besonderes Erlebnis ist ein Besuch beim Imker. Dort kann man Honig, das leckere Erzeugnis der Bienen probieren. Außerdem lüftet der Imker viele Geheimnisse über diese Insekten. Bei den Bienen gibt es Arbeiterinnen, männliche Drohnen und eine Königin. Jedes Tier hat bestimmte Aufgaben zu erfüllen. Die Zellen der Wabe sehen aus wie kleine Gefängnisse. Sie dienen der Lagerung von Honig und als Kinderstube. Neben Honig ist auch Bienenwachs ein Erzeugnis dieser Tiere. Besonders wichtig aber sind Bienen für die Bestäubung von Pflanzen.

84 Wörter

Die Wortbausteine -tum und -schaft

Mit den Wortbausteinen **-tum** und **-schaft** können Nomen gebildet werden. Diese schreibt man groß.

Beispiele: wachsen + -tum = das Wachs**tum**, Freund + -schaft = die Freund**schaft**

Die Mathematik

Schon im Altertum war die Mathematik eine wichtige Wissenschaft. Sowohl die Griechen als auch die Römer und Menschen anderer Länder beschäftigten sich mit Zahlen. Welche Eigenschaften haben Zahlen? Wozu benötigen wir sie? Durch das genaue Beobachten des Mondes und der Sterne konnten sie schon damals den Kalender und somit das Datum erfinden. Technische Errungenschaften wie den Computer würde es ohne die Wissenschaft der Zahlen auch nicht geben. Botschaften werden heute ganz leicht über Computer oder Telefon weitergegeben. Auch das heutige Reisen mit dem Auto oder Flugzeug ist sehr viel einfacher als früher. Ohne die Wissenschaft würde das nicht gehen. Wie werden die Menschen wohl in fünfzig Jahren reisen?

110 Wörter

Der Wortbaustein -ik

Wörter mit dem Wortbaustein **-ik** sind Nomen und werden großgeschrieben.

Beispiele: der Atlant**ik**, die Klin**ik**, die Fabr**ik**

Im Flugzeug

Es war mein erster Flug über den Atlantik. Da ich angespannt war, habe ich aus dem Fenster gesehen. Dabei habe ich über Kopfhörer Musik gehört und nachgedacht. In solch einem großen Flugzeug steckt viel Technik. In welchen Fabriken werden diese Maschinen wohl gebaut? Wer ist für die Optik der Flugzeuge verantwortlich? Wer macht die Grafiken darauf? Als das Essen gebracht wurde, war ich überrascht. So viel Plastik! Aber dieses Material ist eben besonders leicht und auch schnell zu entsorgen. Nach dem Essen machten einzelne Reisende Gymnastik mit Armen und Beinen. Auch für mich wurde es Zeit, ein wenig herumzulaufen. Es war doch recht eng an Bord.

108 Wörter

Ratespiel

- Schreibe Wörter mit **-ik** auf Karteikarten (ein Wort pro Karte).
- Nimm eine Karte und beschreibe das Wort deinem Partner, ohne es zu nennen. Dein Partner muss erraten, um welches Wort es sich handelt, und dieses richtig aufschreiben.
- Nun tauscht ihr die Rollen.

Die Wortbausteine -tion und -ieren

Wörter mit dem Wortbaustein **-tion** sind Nomen und werden großgeschrieben. Meistens handelt es sich um Fremdwörter.

Beispiele: die Opera**tion**, die Na**tion**

Wörter mit dem Wortbaustein **-ieren** sind Verben. Sie werden kleingeschrieben.

Beispiele: fris**ieren**, tapez**ieren**, add**ieren**

Beim Arzt

Niko will heute nicht trainieren. Er fühlt sich schlapp und möchte nicht einmal probieren, mit seiner Mutter spazieren zu gehen. Daraufhin bleibt Nikos Mutter nichts anderes übrig, als mit der Ärztin zu telefonieren. Die Ärztin möchte den Jungen sofort sehen. „Du hast Fieber. Das ist eine Reaktion deines Körpers auf eine Infektion“, sagt sie. Außerdem gibt sie den beiden weitere Informationen. In seiner Situation soll Niko am besten im Bett liegen bleiben und eine Kombination aus verschiedenen Medikamenten zu sich nehmen. Seine Mutter soll regelmäßig die Temperatur kontrollieren. Nach einigen Tagen geht es Niko schon wieder viel besser.

100 Wörter

3.1 Grundsätzliches

Satzanfänge

Aus Wörtern kann man Sätze bilden. Jeder Satz hat einen Anfang und ein Ende. Am Satzanfang schreibt man immer groß.

Papa tröstet

Der kleine Vampir ist traurig. An zwei Zähnen hat er Schmerzen. Was soll er machen? Wie kann er Blut saugen? Sein Vater tröstet ihn. Er bringt ihm Essen. Der Vater sorgt für den kleinen Vampir, bis dieser wieder zubeißen kann.

42 Wörter

Satzwerkstatt

- Bilde aus den Satzteilen ganze Sätze. Schreibe die Sätze auf.
- Achte auf die Großschreibung am Satzanfang.

morgen fahren Ina und Peter	an der Ampel.
das Auto hält	isst gerne Käse.
die Maus	an den See.

Eigennamen

Eigennamen werden großgeschrieben.

Beispiele: Anna, Paul, Frau Maier, Deutschland, Berlin

Der Besuch

Drache Fritz ist aufgeregt. Morgen kommen Oma Lisa und Opa Erwin zu Besuch. Sie möchten Baby Jana anschauen. Das ist gestern aus dem Ei gekrochen. Fritz ist stolz auf seine Schwester.

33 Wörter

Wie aufregend!

Marie lacht. Endlich weiß sie, wie sie sich an andere Orte hexen kann. Paris, London oder Berlin. Überall kann sie nun hin. Morgen möchte sie Tante Lilo besuchen. Die Tante wird Augen machen! Sie lebt in Italien.

39 Wörter

Nomen

Mit Nomen werden Personen, Tiere, Pflanzen und Dinge bezeichnet. Nomen werden großgeschrieben.

Man kann ein Nomen am Artikel erkennen. Es gibt bestimmte Artikel (der, die, das) und unbestimmte Artikel (ein, eine).

Beispiele: der Verkäufer, das Pferd, die Rose, der Stuhl, eine Dame, ein Herr

Bald ist es so weit

Im Garten und auf den Wiesen liegt Schnee. Es ist kalt und still. Ein Igel schläft unter dem Busch. Mama bereitet alles für den Weihnachtsbraten vor. Wir Kinder dürfen mithelfen. Es duftet schon im ganzen Haus.

41 Wörter

Wörterschnecke

In der Schnecke sind Nomen versteckt. Finde die einzelnen Wörter und schreibe sie mit Artikel auf.

2. KLASSE

Geschenke

Die Wichtel arbeiten. Sie packen Geschenke ein. Das geht aber schnell! Hier einen Ball, eine Puppe, ein Auto. Und dort ein Pferd, einen Computer, ein Buch. Schon bald stehen alle diese Dinge unter dem Christbaum. Die Kinder werden staunen.

40 Wörter

Nomen ordnen

Lege in deinem Heft eine solche Tabelle an. Ordne alle Nomen, die du in den Diktaten auf den Seiten 77 und 78 findest, nach ihren Artikeln ein.

der	die	das

Abstrakte Nomen

Auch was wir fühlen, denken oder uns vorstellen, bezeichnen wir mit Nomen. Man nennt sie abstrakte Nomen.

Beispiele: der Ärger, die Kälte, die Zukunft

Der Glücksstein

Max hat von seiner Freundin Susi einen grünen Stein geschenkt bekommen. Er soll ihn unter sein Kopfkissen legen. Susi sagt, dass sich seine Träume und Wünsche so erfüllen. Max träumt in der nächsten Nacht von einem Urlaub. Er genießt die Wärme der Sonne, den Strand und das Meer. Die Schönheit der Unterwasserwelt begeistert ihn. Es ist wie im Paradies! Hat Max Durst oder Hunger, wird er bedient. Plötzlich klingelt der Wecker. Ist der Stein noch da? Wird der Traum in Erfüllung gehen? Was meinst du?

87 Wörter

3.2 Nominalisierungen

Nominalisierte Verben

Normalerweise schreibt man Verben klein. Sie können aber auch als Nomen gebraucht werden. Dann schreibt man sie groß. Oft erkennt man nominalisierte Verben am Artikel.

Beispiele: das Glühen, das Überqueren

In den Wörtern **beim**, **vom** und **zum** ist der Artikel versteckt.

Beispiele: beim Singen, vom Bohren, zum Lachen

Es ist Winter

Endlich hat es geschneit. Alles ist weiß. Das Lesen und das Rechnen machen heute keinen Spaß. Die Kinder möchten zum Toben nach draußen. Nun ist es so weit. Nach dem Essen treffen sich viele Kinder am Schlittenhang. Vom Herunterrasen und Hochlaufen wird ihnen ganz heiß. Manche Kinder bauen auch Schneemänner. Plötzlich scheinen sich diese zu bewegen. Sie werden kleiner und fallen in sich zusammen. Zuerst bekommen die Kinder einen Schreck, aber dann wird ihnen klar, was los ist. Hast du auch eine Idee?

86 Wörter

Lückensätze

- Schreibe die Sätze ab und ergänze die Lücken, indem du das passende Verb zum Nomen machst. Achte auf die Großschreibung.
- Bitte jemanden, deine Sätze zu kontrollieren.

singen – rechnen – essen – streiten – angeln – stricken – ausruhen

Mama und ihre Freundinnen treffen sich heute Abend zum ________.

Zum ________ gab es Würstchen.

Lisa macht beim ________ keine Fehler.

Diese Bank ist genau richtig zum ________.

Das ________ am See bereitet Tom viel Freude.

Evi hat vom ________ einen trockenen Hals bekommen.

Mama bittet: „Kinder, lasst doch endlich das ________."

Nominalisierte Adjektive

Adjektive können als Nomen gebraucht werden. Dann schreibt man sie groß. Bei ihnen steht häufig ein Artikel, ein Pronomen (Fürwort) oder ein Verhältniswort (manchmal ist der Artikel auch darin versteckt).

Beispiele: der Schnellste, mein Liebstes, ins Blaue

Vögel im Winter

Seit Längerem stehen Suse und Pauline hinter dem Fenster. Sie schauen nach draußen. Gemeinsam mit Papa haben sie ein Vogelhäuschen gebaut. Sie haben ihr Bestes gegeben. Nun steht es im Garten. Die Schwestern warten gespannt auf die ersten Vögel. Suse ist dabei die Geduldigere von beiden. Endlich sehen sie von Weitem Amseln und Rotkehlchen. Noch sind diese aber ängstlich. Doch dann wagen sich die Mutigen unter ihnen an das Häuschen und holen sich Futter. Kurz darauf ist alles aufgefressen. Suse und Pauline freuen sich.

87 Wörter

Adjektive in Verbindung mit unbestimmten Zahlwörtern

Adjektive werden in Verbindung mit unbestimmten Zahlwörtern großgeschrieben. Unbestimmte Zahlwörter sind z. B. alles, allerlei, etwas, genug, nichts, viel, wenig.

Beispiele: alles Wichtige, etwas Sinnvolles, nichts Gutes, wenig Essbares

Fabelwesen

Auf manchen Abbildungen gleicht sein Körper dem einer Ziege. Meist jedoch wird der Körper eines Pferdes dargestellt. Etwas Besonderes an ihm ist aber immer gleich: das lange Horn, welches es auf der Stirn trägt. Für das Wesen bringt es viel Gutes mit sich. Es benötigt das Horn im Kampf. So kann es sich vor vielem Bösen schützen. Außerdem kann es mit dem Horn alles Giftige aus Flüssen und Teichen ziehen. So können die übrigen Tiere wieder daraus trinken. Das Fabeltier ist sehr schnell und scheu. Es lässt sich nur schwer fangen. Wenige Glückliche sollen jemals solch ein Tier gesehen haben. Gehörst du dazu?

104 Wörter

Adjektivmaschine

Verbinde die unbestimmten Zahlwörter mit den Adjektiven. Bilde jeweils einen passenden Satz und schreibe ihn auf. Achte auf die Großschreibung.

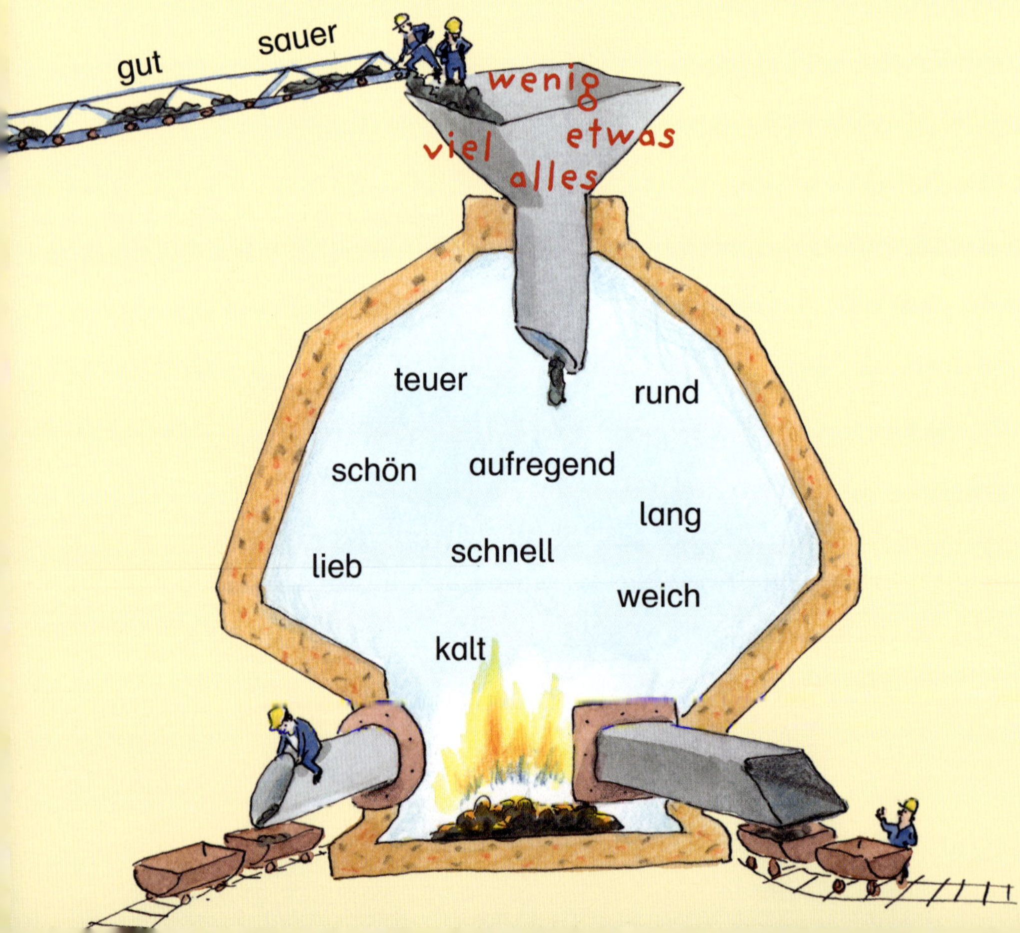

3.3 Tageszeiten

Wochentage

Wochentage schreibt man groß. Oft erkennt man die Wörter am Artikel.

Beispiele: der Montag, am Montag, jeden Montag

Rätsel

Max turnt jede Woche einmal. Der Mittwoch ist kurz davor. Am Freitag freut er sich schon auf das nächste Mal. Vom Sonntag aus muss er vier Tage weiterzählen. Findest du heraus, welcher Tag gemeint ist?

36 Wörter

Wochenplan

Hexe Rosa vergisst viel. Sie muss sich einen Plan machen. Jeden Montag und Donnerstag möchte sie abstauben. Der Dienstag und der Freitag sind Rosas Einkaufstage. An den anderen Tagen besucht sie gute Freunde. Am Sonntag ist Rosa krank. Das steht aber nicht im Plan!

45 Wörter

Tageszeiten mit Artikel oder Pronomen

Tageszeiten können als Nomen gebraucht werden. Dann schreibt man sie groß. Man erkennt sie oft am Artikel oder am Pronomen (Fürwort).

Beispiele: der Morgen, am Abend, in der Früh

Nikolaus

In der Nacht hat es kräftig geschneit. Als Simone am Morgen aufwacht, sieht sie den Schnee. Sie freut sich. Simone ist aufgeregt. Heute ist der 6. Dezember. Am Vorabend hat sie ihre Stiefel geputzt. Außerdem hat sie ein Gedicht gelernt. Am Nachmittag klopft es plötzlich laut an der Tür. Der Nikolaus ist da. Er hat einen langen, weißen Bart und trägt einen roten Mantel. Aber was ist das? Der Nikolaus hat Papas schwarze Winterschuhe an. Wer das wohl sein mag?

81 Wörter

Wörtersack

- Zeichne einen Nikolaus mit großem Sack auf ein Blatt Papier und schreibe alle Tageszeiten hinein, die dir einfallen (mit Artikel und/oder Pronomen).
- Du kannst das Blatt noch schön ausgestalten.

Tageszeiten ohne Artikel oder Pronomen

Tageszeiten können als Nomen gebraucht werden und werden dann großgeschrieben (siehe Diktat auf S. 86). Manchmal fehlen aber der Artikel oder das Pronomen (Fürwort) als Erkennungszeichen.

Beispiele: zu Mittag essen, gegen Abend

Was war das?

Gegen Nachmittag fährt die Mutter Lars zu Opa. Er darf dort übernachten und freut sich schon seit Tagen darauf. Nachdem Lars mit Opa zu Abend gegessen hat, kuschelt er sich an ihn. Opa erzählt Lars von Kobolden. Diese kleinen Wesen sind nicht böse, treiben aber gerne Schabernack. Kobolde beschützen den Ort, an dem sie leben. Wer jedoch nicht nett zu ihnen ist, bekommt ihre Rache zu spüren. Gegen Mitternacht wacht Lars auf. Er hört Geräusche und bekommt Angst. Sind auch hier Kobolde unterwegs?

86 Wörter

Tageszeiten im Genitiv

Tageszeiten, die im Genitiv (2. Fall) stehen, werden großgeschrieben.

Beispiele: eines Nachmittags, eines Abends, des Morgens

Tiere der Nacht

Eines Tages im Sommer erlebte Mia etwas Sonderbares. Sie saß des Abends mit ihren Eltern im Garten, als plötzlich etwas über ihre Köpfe hinwegflog. Zunächst dachte sich Mia nichts dabei. Als sich das Ganze aber wiederholte, wurde sie neugierig. Was konnte das gewesen sein? Ein Vogel war es nicht. Eines Mittags suchte sie im Internet nach einer Antwort. Es handelt sich um harmlose Tiere. Sie fressen Insekten und Spinnen. Des Nachts sind sie aktiv und schlafen dafür am Tag. Das Weibchen bekommt ein Junges im Jahr und säugt es. Eines Tages möchte Mia noch mehr über diese Tiere erfahren. Weißt du, von wem die Rede ist?

109 Wörter

Tageszeiten als Adverbien

Für die Angabe von Tageszeiten kann man auch Umstandswörter (Adverbien) verwenden. Sie werden kleingeschrieben. Man erkennt sie daran, dass ein **-s** angehängt wird.

Beispiele: morgen**s**, nachmittag**s**, abend**s**

Achtung! Verwechsle diese Wörter nicht mit den Tageszeiten im Genitiv (siehe Diktat auf S. 88)!

Gefahr auf dem See

Als Susi morgens aufwacht, ruft sie sofort ihre Freundin Lea an. Sie haben Sommerferien und verbringen viel Zeit miteinander. Die Mädchen verabreden sich für mittags. Mit ihren Badesachen im Rucksack treffen sie sich am See. Nachmittags sind viele Menschen dort. Zunächst bemerkt niemand die Gefahr. Lea ist weit vom Ufer entfernt und zu erschöpft, um zurückzuschwimmen. Sie prustet und schluckt viel Wasser. Susi ruft laut um Hilfe. Zum Glück wird Lea schnell geholfen. Unter warmen Decken liegt sie abends im Bett und ist froh, dass alles gut gegangen ist.

93 Wörter

Was für ein Tag!

- Beschreibe einen Tag, an dem du viel erlebt hast, ganz genau. Verwende hierzu Tageszeiten als Adverbien.

  Beispiel: Morgens bin ich um … aufgestanden.

- Lass deinen Text von einem Erwachsenen kontrollieren.

Tageszeiten nach Wörtern wie „heute", „übermorgen" …

Tageszeiten, die nach den Wörtern **gestern**, **vorgestern**, **heute**, **morgen** und **übermorgen** stehen, werden großgeschrieben.

Beispiele: gestern Morgen, heute Abend, morgen Mittag

Welcher Tag ist heute?

Im Zoo waren wir vorgestern Nachmittag. Das hat viel Spaß gemacht. Wir haben bei der Löwenfütterung zugesehen. Gestern Morgen war ich gemeinsam mit meiner Familie in der Kirche. Gestern Mittag haben wir Oma und Opa besucht. Da an diesem Tag wie üblich die Geschäfte geschlossen waren, konnten wir keine Milch mehr einkaufen. Schwimmen gehe ich morgen Mittag. Ich schwimme in einer Schwimmschule und habe bereits das Seepferdchen gemacht. Vielleicht treffe ich mich übermorgen Abend mit meinem Freund. Wir würden gerne zusammen ins Kino gehen. Was ich an den anderen Tagen machen werde, bleibt mein Geheimnis.

99 Wörter

3.4 Anrede

Vertrauliche Anrede

Die vertrauliche Anrede schreibt man in der Regel klein. In Briefen kann man sie aber sowohl klein- als auch großschreiben. Entscheide dich für eine Form und halte sie ein.

Beispiele: du, dich, dir, deine, ihr, euch, eure
Wie geht es **dir/Dir**? Ich lade **euch/Euch** ein.

Liebe Heidi,

letzte Nacht hatte ich einen sonderbaren Traum. Ich möchte dir/Dir davon berichten, weil es auch um dich/Dich ging. Eine Fee nahm mich mit auf eine Reise in eine andere Welt. Dort duftete es fein und Musik war zu hören. Plötzlich warst du/Du auch da. Wir haben mit den Feen getanzt. Die Umgebung sah aus wie euer/Euer Garten. Als ich aufwachte, lag glitzernder Feenstaub auf meiner Decke. Glaubst du/Du, wir waren wirklich dort? Was könnte der Traum sonst bedeuten?
Ich freue mich, von dir/Dir zu hören.
Deine Sofie

83 Wörter

Höfliche Anrede

Die höfliche Anrede wird immer großgeschrieben.

Beispiele: Sie, Ihr, Ihre, Ihnen
Hat es **Ihnen** gefallen? Ich möchte mich bei **Ihnen** vorstellen. Schön, dass **Sie** Zeit gefunden haben, zu kommen.

Lieber Herr Karl,

letzte Woche war ich ganz verzweifelt, weil mein Fahrrad gestohlen worden war. Ich nahm all meinen Mut zusammen und bin zu Ihnen auf die Polizeiwache gegangen. Erinnern Sie sich noch an mich? Sofort haben Sie alle Daten zu meinem Fahrrad und meiner Person aufgeschrieben. Wenige Tage später riefen Sie mich an und haben mir mitgeteilt, dass mein Fahrrad wieder aufgetaucht sei. Hierfür möchte ich mich herzlich bei Ihnen bedanken. Es stimmt wirklich, dass die Polizei ein Freund und Helfer ist.
Herzliche Grüße
Ihr Tom Maier

88 Wörter

4.1 Zusammengesetzte Nomen

Zusammengesetzte Nomen

Durch Zusammensetzungen aus zwei oder mehr Nomen können neue Nomen gebildet werden. Man schreibt sie groß.

Beispiele: die Sonne + der Hut = der Sonnenhut, der Tiger + das Fell = das Tigerfell

Zuckerkreide

Mit Zuckerkreide kannst du leuchtende Bilder herstellen. Diese sind eine schöne Geschenkidee. Du brauchst dafür bunte Tafelkreide, Zucker, ein Wasserglas und Papier. Fülle das Glas mit Wasser und gib zwei große Löffel Zucker dazu. Verrühre das Zuckerwasser und lege die Kreide kurz hinein. Sie saugt sich schnell mit dem Wasser und den Zuckerkristallen voll. Mit der feuchten Kreide kannst du nun ein Bild malen. Sobald die Kreide auf dem Papier getrocknet ist, leuchtet sie besonders schön. Probiere es doch einmal aus.

82 Wörter

Zusammengesetzte Nomen

Zusammengesetzte Nomen bestehen aus einem Grundwort und einem Bestimmungswort. Das erste Wort ist das Bestimmungswort und beschreibt das Grundwort näher. Der Artikel des zusammengesetzten Nomens richtet sich immer nach dem Grundwort.

Beispiel: **das** Klavier + die Stunde = **die** Klavierstunde

Das Bestimmungswort kann ein Nomen, ein Adjektiv oder ein Verb sein.

Beispiele: der Gartenzaun, die Tiefgarage, das Lesebuch

Auf dem Volksfest

Aron und Max treffen sich heute Nachmittag auf dem Volksfest. Zuerst stellen sie sich an der Imbissbude an. Dort lösen sie ihre Getränkemarken ein und gönnen sich eine Bratwurst mit viel Senf. Überall sieht man Leute mit Plastikrosen und Lebkuchenherzen. Dazu kommt der herrliche Geruch von gebrannten Mandeln. Die Augen der Jungen leuchten. Dann wird es spannend: Aron und Max wagen sich in die Geisterbahn. Zuerst müssen sie das Gruselkabinett durchqueren und landen schließlich in der Dunkelkammer. Den beiden wird mulmig und sie sind richtig froh, als sie wieder das Tageslicht erblicken.

96 Wörter

Geschichte der Piraten

Piraten waren oft im Auftrag von Herrschern unterwegs. Lange Zeit wurden sie sehr gefürchtet. Vor rund 300 Jahren ging ihre große Zeit jedoch zu Ende. Die Seemächte hatten mittlerweile eigene Streitkräfte und große Kriegsschiffe. Deshalb brauchten sie die Seeräuber nicht mehr. Von nun an wurden die Piraten gejagt, denn der Seeraub schadete dem Handel. Wurden Seeräuber gefangen genommen, so bestrafte man sie hart. Oftmals drohte ihnen sogar die Todesstrafe. Es kam nur dann zum Freispruch, wenn sie beweisen konnten, dass sie zur Piraterie gezwungen worden waren. Heute gibt es moderne Piraten. Meist kommen sie aus armen Ländern und plündern große Frachter.

104 Wörter

Nomenwerkstatt

- Bilde mit den Wörtern zusammengesetzte Nomen und schreibe sie auf.
- Bitte jemanden, deine Wörter zu kontrollieren.

das Haus – der Brand – die Suppe – der Stift –
die Tanne – liegen – der Schuh – die Piste – weiß –
die Sonne – der Ski – der Löffel – bunt – der Stuhl

Das Fugen-s

Das Fugen-**s** findet man oft bei zusammengesetzten Nomen. Man kann es in Verbindung mit anderen Buchstaben manchmal nicht gut hören.

Beispiele: der Advent**s**kranz, das Liebling**s**essen

Helfen hilft

Hans ist von Beruf Landschaftsgärtner. Da er in letzter Zeit viel über die schreckliche Lage der Menschen in Entwicklungsländern erfahren hat, hat er einen Entschluss gefasst. Er möchte den Menschen vor Ort helfen und dabei seine Berufserfahrung einbringen. Mit einem Hilfstrupp bricht er auf. Er ist angespannt und weiß nicht, was ihn erwartet. Was er zu sehen bekommt, erschüttert ihn. Viele Menschen leben an der Armutsgrenze. Sie haben wenig zu essen und zu trinken, ärztliche Versorgung fehlt. Hans arbeitet in einer Entwicklungshilfestation und vermittelt den Einheimischen Wissen über neue Anbautechniken. Menschen wie Hans sind für die Armen und Hungernden auf der ganzen Welt Hoffnungsträger und Rettungsanker zugleich.

109 Wörter

4.2 Verschiedene Zusammensetzungen

Zusammengesetzte Adjektive

Durch Zusammensetzungen kann man neue Adjektive bilden, die etwas noch genauer beschreiben.

Beispiele: federleicht, bildschön, honiggelb

Gefahr im Keller

Timo soll für seine Mutter Milch aus dem Keller holen. Freudig springt er die hellbraunen Stufen hinab. Er öffnet die uralte Tür. Sie knarrt. Im Keller ist es eiskalt und stockdunkel. Timo drückt den Lichtschalter. Nichts tut sich. Er versucht es noch einmal. Nichts passiert, es bleibt finster. Dann ein seltsames, leises Geräusch. Timos Knie werden butterweich. Er ist schneeweiß im Gesicht und beginnt zu zittern. Timo hat Angst. Blitzschnell tastet er sich ans Regal, um die Milch herauszuholen.

82 Wörter

Adjektivsuche

- Schreibe die Geschichte von S. 97 zu Ende. Baue dabei möglichst viele zusammengesetzte Adjektive ein.
- Lass deinen Text kontrollieren.
- Du kannst deine Geschichte nun einem Partner als Diktat diktieren.

Oder:

- Sammle möglichst viele zusammengesetzte Adjektive und schreibe sie auf.
- Hänge die Liste an einem Ort auf, wo du sie häufig siehst. Mit diesen Wörtern kannst du Geschichten noch spannender und genauer erzählen!

Drei gleiche Buchstaben durch Zusammensetzung

Treffen bei Zusammensetzungen drei gleiche Buchstaben aufeinander, muss man alle drei schreiben.

Beispiele: das Schri**ttt**empo, die Nu**sss**chokolade, die Schn**eee**ule

Glück gehabt

Auf dem Jahrmarkt gibt es viel zu entdecken. Es gibt Fahrgeschäfte und Imbissbuden. Balletttänzer warten hinter der Bühne auf ihren Auftritt. Noch ist die Schlussszene einer Turngruppe zu bestaunen. Als Marie und ihre Freundinnen über den Jahrmarkt schlendern, sieht Marie ein großes Pappplakat. „Lose" steht darauf geschrieben. Sie schauen, was man alles gewinnen kann: Betttücher, Kuscheltiere, Teeeier, Stofffarben, Sauerstoffflaschen und vieles mehr. Die Mädchen kaufen sich Lose. „Die Gewinnnummer des Hauptgewinns lautet: 114!", ruft der Mann am Losstand aus. Marie gewinnt eine Schifffahrt! Sie ist zwar nicht seeerfahren, aber sie freut sich dennoch sehr. Ob sie Seeelefanten sehen wird?

101 Wörter

Verkehrte Welt

Was ist los? Lukas ist geschrumpft. Er ist so klein wie eine Maus. Seine Essschüssel wirkt riesig vor ihm. Das Essen mit dem großen Besteck fällt ihm schwer. Plötzlich landet ein Fetttropfen von seinem Löffel auf dem Boden. Er breitet sich schnell aus und gefriert. Wie aus dem Nichts fahren plötzlich Eisschnellläufer darauf ihre Runden. Sie liefern sich einen Wettkampf. Lukas Fußballlehrer ruft die Gewinnnummern aus, das Rennen ist beendet. Lukas versteht die Welt nicht mehr. Keiner achtet auf ihn. Ängstlich schaut er sich um. Er versucht wegzulaufen, aber er kommt nicht vom Fleck …

96 Wörter

Zusammensetzungen mit Nomen, Adjektiven und Verben

Nomen, Adjektive und Verben können mit anderen Wörtern zusammengesetzt werden. So kann man neue Wörter bilden.

Beispiele: der Klingelknopf, der Handschuh, kopflos, gedankenverloren

Der Neandertaler

Neandertaler lebten von der Jagd oder vom Sammeln von Beeren und Wurzeln. Oft waren sie stundenlang unterwegs, um Essen zu finden. Sie mussten alles selbst tragen, denn Lasttiere kannten sie noch nicht. Abends sammelten die Frauen und Kinder Feuerholz. Feuer war in der Steinzeit überlebenswichtig. Es spendete Wärme am Lagerplatz und Hitze zum Kochen. Gegessen wurden unter anderem Rentiere, Wildpferde und Waldbeeren. Aus den Tierfellen nähten die Frauen wunderschöne und kuschelwarme Sachen für den Winter. Sogar die steinharten Knochen wurden verarbeitet. Es entstanden messerscharfe Werkzeuge für die Jagd.

90 Wörter

Spiegelschrift

Hier ist etwas schiefgelaufen! Versuche, die Wörter zu lesen. Schreibe sie richtig auf. Achte dabei auch auf die Groß- und Kleinschreibung und ergänze bei Nomen den Artikel.

Hausaufgaben

stundenlang

Kühlschrank

Naturmaterialien

veilchenblau

überlebensgroß

Frühlingsspaziergang

Backstube

fehlerfrei

Kompassnadel

Boxhandschuh

mausgrau

5.1 Verschiedene Wortfamilien

Die Wortfamilie

Wörter mit dem gleichen Wortstamm gehören zu einer Wortfamilie. Das Erkennen des Wortstamms hilft, verwandte Wörter richtig zu schreiben. Der Vokal (Selbstlaut) im Wortstamm kann sich jedoch verändern.

Beispiele: **lach**en, aus**lach**en, das Ge**läch**ter, das **Läch**eln

Die Wortfamilie „träumen“

Wörter der Wortfamilie „träumen“ schreibt man mit **äu** und nicht mit **eu**, weil es verwandte Wörter mit **au** gibt.

Beispiel: tr**äu**men – der Tr**au**m

Träume

Lena ist ein sehr verträumtes Mädchen. Sie hat einen großen Traum. Lena möchte ans Meer zu den Delfinen. Einen ganzen Tag lang will sie bei ihnen im Wasser sein. Und sie möchte gern an traumhaften Stränden Muscheln suchen. Von was träumst du?

43 Wörter

2. KLASSE

Die Wortfamilie „essen“

In der Wortfamilie „essen“ gibt es Wörter mit **ß** und mit **ss**. Nach kurzem Selbstlaut schreibt man **ss**, nach langem Selbstlaut schreibt man **ß**.

Beispiele: das Lieblingse**ss**en, e**ss**bar, er a**ß**

Abendessen

Die anderen Vampire essen Blutwurst. Die mag Fred aber nicht. Er hat ein besonderes Lieblingsessen. Er liebt Brot mit Honig. Oft isst Fred zum Abendessen drei Brote. Die anderen finden das komisch. Ist Fred überhaupt ein Vampir?

38 Wörter

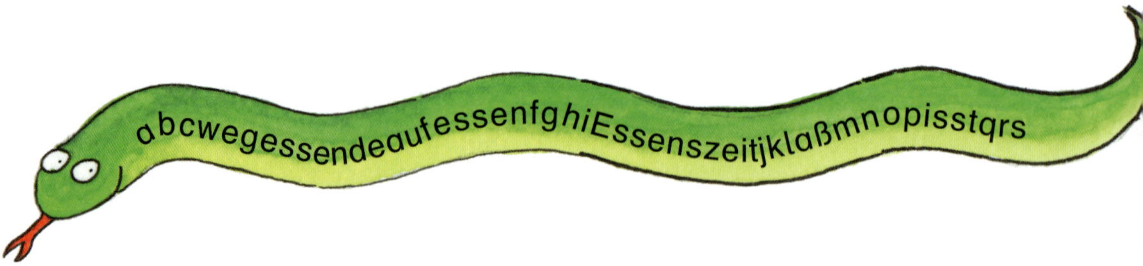

Wörterschlange

In der Schlange verstecken sich fünf Wörter aus der Wortfamilie „essen“. Schreibe sie richtig auf und lass sie kontrollieren.

Die Wortfamilie „fahren“

Wörter der Wortfamilie „fahren“ schreibt man mit **a** und nicht mit **e**, weil es verwandte Wörter mit **ä** gibt. Achte auch auf das Dehnungs-**h** im Wortstamm!

Beispiele: **fah**ren – er **fäh**rt, die Auto**fah**rt

Gefahr auf der Straße

Das Auto ist für uns Menschen wichtig geworden. Gleichzeitig stellt es aber auch eine Gefahr da. So passieren immer wieder Unfälle mit Radfahrern. Auch werden kleine Kinder von fahrenden Autos erfasst, wenn sie ohne zu schauen auf die Fahrbahn laufen. Aber nicht nur für uns Menschen kann es auf der Straße gefährlich werden. Jedes Jahr werden auch viele Tiere angefahren oder sogar überfahren. Weißt du, für welche Tiere die Fahrzeuge der Menschen eine besonders große Gefahr darstellen? Wie könnte man ihnen helfen?

86 Wörter

Die Wortfamilie „reißen“

In der Wortfamilie „reißen“ gibt es Wörter mit **ß** und mit **ss**. Nach kurzem Vokal schreibt man **ss**, nach langem Vokal oder Zwielaut schreibt man **ß**.

Beispiele: er ri**ss**, geri**ss**en, der Rei**ß**verschluss

Ein Reißbild basteln

Für ein Reißbild benötigst du ein weißes Blatt Papier, einen Stift, Klebstoff und buntes Papier.
Zeichne auf das weiße Papier den Umriss von einem Schneemann, einem Clown oder was du sonst zeichnen möchtest. Nun zerreißt du das Buntpapier. Es sollen kleine Schnipsel entstehen. In das weiße Papier darf aber kein Riss kommen. Hast du genügend Papier zerrissen? Dann kannst du mit dem Kleben beginnen. Beklebe deinen Umriss mit den bunten Schnipseln. Hast du zu wenige, musst du nochmals reißen. So entsteht ein tolles Bild.

87 Wörter

6.1 Nach Sprechsilben und Wortbausteinen

Trennung nach Sprechsilben

Wörter mit mehreren Silben kann man am Ende einer Zeile nach Sprechsilben trennen.

Beispiele: das Sa-la-mi-brot, das Frei-bad, die Li-mo-na-de

Was ist das?

Es ist ein Tier. Es legt sei-ne Ei-er in ein Nest. Das Tier hat Fe-dern und kann flie-gen. Es frisst ger-ne Wür-mer und In-sek-ten. Man-che flie-gen im Win-ter in den Sü-den, an-de-re blei-ben bei uns.

38 Wörter

Im Meer

Tief im Meer lebt ei-ne Meer-jung-frau. Be-son-ders ger-ne spielt sie mit den Del-fi-nen. Sie hält sich dann an den Flos-sen fest und rei-tet mit den Tie-ren auf den ho-hen Wel-len. Das macht Freu-de!

35 Wörter

Silbenpuzzle

- Setze die Silben zu Wörtern zusammen und schreibe diese mit Artikel auf.
- Lass deine Wörter von jemandem kontrollieren.

Schlit – Kauf – Pa – Scho – Gum – Keks – pa –
ko – do – mi – gei – bär – la – ten – de – se –
fahrt – chen – haus

Trennung nach Wortbausteinen

Zusammengesetzte Wörter trennt man am besten nach den einzelnen Wörtern oder nach Wortbausteinen.

Beispiele: die Gieß-kanne, der Sonnen-schirm, weg-gehen

Freundebuch

Simon freut sich immer, wenn er in ein Freunde-buch schreiben darf. Zunächst schreibt er seinen Namen und seine Adresse hinein. Danach soll er Dinge an-geben, die er besonders mag. Seine Lieblings-essen sind Nudel-auflauf und Bananen-eis. In seiner Frei-zeit liebt er das Fahrrad-fahren. Er mag es gar nicht, wenn er sein Zimmer auf-räumen muss oder wenn er zu viele Haus-aufgaben bekommt. Zum Schluss klebt Simon noch ein Foto von sich in das Buch. Schreibst du auch gerne in Freunde-bücher? Hast du selbst eines?

83 Wörter

Freundebuch

- Erstelle eine Freundebuch-Seite und fülle sie aus. Trenne anschließend mit einem Farbstift die Wörter nach Wortbausteinen.
- Bitte jemanden, deine Arbeit zu kontrollieren.

6.2 Buchstabenverbindungen

Trennung von Wörtern mit st

Wörter mit **st** trennt man zwischen **s** und **t**.

Beispiele: das Fen**s-t**er, lä**s-t**ig

Bei zusammengesetzten Wörtern muss man aufpassen. Hier trennt man nach Wortbausteinen.

Beispiele: der Fe**st**-tag, we**st**-lich

Tauchgang

Steffen fliegt in den Ferien mit seinem Onkel ans Meer. Dort gehen sie zusammen tauchen. Nach dem Früh-stück brechen sie auf. Zuerst tes-ten sie ihre Tauchgegen-stände im Schwimmbecken. Alles klappt bes-tens. Danach fahren sie mit einem Boot auf das Meer hinaus. Sie sind mindes-tens 50 Meter vom Strand entfernt. Im Wasser sehen sie die schöns-ten Fische und Korallen. Wenn die Fische direkt zu Steffen schwimmen, ist das spannend und lus-tig zugleich. Steffen ist begeis-tert. In den nächs-ten Ferien möchte er wieder tauchen. Was machst du besonders gerne in deiner Freizeit?

91 Wörter

Trennung von Wörtern mit ck

Die Buchstaben **ck** bleiben immer zusammen. Man darf sie nicht trennen.

Beispiele: die Blö-**ck**e, le-**ck**en

Safari

In einem Geländewagen fahren wir durch die Steppe. Viele Mü-cken schwirren über unseren Köpfen. Als wir über eine alte Brü-cke fahren, bleibt mir die Spu-cke weg. Ich habe Angst. Unter uns stre-cken Krokodile ihre Köpfe aus dem Wasser. Hoffentlich we-cken wir nicht ihren Hunger! Nach dem Schre-cken geht es weiter. Wir sehen Elefanten mit ihren Jungen. Giraffen re-cken ihre Hälse in die Baumkronen und fressen Blätter. Das alles ist aufregend und schön, aber ich bin froh, als wir wieder im Hotel sind. Morgen müssen wir leider schon die Koffer pa-cken.

91 Wörter

Reimwörter

- Finde zu den vorgegebenen Wörtern die Reimwörter und schreibe jeweils alle drei Wörter auf.
- Ergänze in jeder Zeile ein weiteres Reimwort.
- Schreibe die Wörter nochmals auf und setze dieses Mal Silbentrennstriche.

Beispiel:
Mücke – Brücke – Lücke – Stücke
Mü-cke – Brü-cke – Lü-cke – Stü-cke

Hecke – D__________ – Z__________

schmecken – l__________ – w__________

picken – sch__________ – t__________

drücken – r__________ – b__________

trocken – l__________ – h__________

Trennung von Wörtern mit tz

Wörter mit **tz** trennt man zwischen **t** und **z**.

Beispiele: die Pfüt-ze, rit-zen

Aufpassen muss man bei zusammengesetzten Wörtern. Diese trennt man nach Wortbausteinen.

Beispiele: der Putz-lappen, nütz-lich

Der Tiger

Der Tiger ist die größte Raubkat-ze der Erde. Obwohl er schön aussieht, ist er sehr gefährlich. Tiger sind Fleischfresser. Auf ihren großen Tat-zen schleichen sie heran. Ganz plötz-lich greifen sie dann ihre Beute an und töten sie blitz-schnell. Sobald Tiger satt sind, put-zen sie sich ausgiebig und ruhen sich an einem sicheren Plätz-chen aus. Die Reste ihrer Beute haben sie dabei im Blick. Tiger sind abends aktiv. Am Tag schüt-zen sie sich vor der Hit-ze. Oft sit-zen sie im Schatten eines Baumes oder kühlen sich im Wasser ab.

90 Wörter

Trennung von Wörtern mit st, ck oder tz

Wörter mit **st** trennt man am Zeilenende zwischen **s** und **t**, Wörter mit **tz** zwischen **t** und **z**. Bei zusammengesetzten Wörtern muss man aufpassen. Sie werden nach Wortbausteinen getrennt (siehe Diktate auf S. 110 und 113).

Die Buchstabenverbindung **ck** gilt als ein Laut und wird nicht getrennt (siehe Diktat auf S. 111).

Der Hai

Oft wird berichtet, dass der Hai zu den gefährlichs-ten Tieren zählt. Dabei sind diese Raubfische in Wirklichkeit nicht besonders aggressiv. Die Lis-te ihrer Nahrung ist lang. Meis-tens jagen sie in flachen Gewässern in der Nähe von Küs-ten nach Robben. Dabei verlet-zen oder töten diese Raubfische auch manchmal Menschen. Sie verwechseln sie mit Robben. Die Höchst-länge des Hais beträgt nach Schät-zungen acht Meter. Die Tiere sind sehr neugierig. Oft kommen sie in die Nähe von Booten und stre-cken den Kopf aus dem Wasser. Kleine Beutetiere wie Krebse oder Tintenfische können die Haie auf einmal schlu-cken. Größere Tiere töten sie durch einen fes-ten Biss.

107 Wörter

Tiere im Winter

Es ist kalt. Die Erde ist mit einer di-cken Schneede-cke be-deckt. Viele Vögel sit-zen am Vögelhäuschen, um Körner zu fressen. Hin und wieder rennt eine Kat-ze über den Schnee und sucht schnell ihr Zuhause. Aber wo sind all die anderen Tiere? Manche Vögel muss-ten in den Süden fliegen, weil es hier zu kalt ist. Sie kommen im nächs-ten Frühling wieder. Man nennt sie Zugvögel. Andere Tiere machen einen Winterschlaf an Plät-zen, die sie vor Frost schüt-zen. Sie haben sich im Herbst ein Fettpols-ter angefressen, damit sie über den Winter kommen. Aber was ist mit den rest-lichen Tieren? Weißt du, was sie im Winter machen?

107 Wörter

Wörter raten

Hilfe! Der Wind hat die Wortkarten zugedeckt.

- Finde beliebige Wörter, die gemeint sein könnten. Schreibe sie auf und kennzeichne farbig, an welchen Stellen man sie trennen kann.
- Lass deine Arbeit anschließend kontrollieren.

7.1 Grundlagen

Der Punkt

Mit Aussagesätzen kann man etwas erzählen oder mitteilen. Am Ende eines Aussagesatzes steht ein **Punkt**.

Beispiel: Auf der Wiese blühen Blumen.

Im Februar

Alle sind bunt verkleidet. Viele Kinder schminken sich und tragen Hüte auf dem Kopf. Sie gehen als Pirat oder Katze. Manche verkleiden sich auch als Hexe. Die Menschen singen und tanzen. Alle freuen sich. Es ist Fasching.

39 Wörter

Ausrufezeichen und Fragezeichen

Mit einem Ausrufesatz ruft man etwas aus oder anderen etwas zu. Am Ende des Satzes steht ein **Ausrufezeichen**. Auch nach einem Befehl oder einer ernsten Aufforderung kann ein Ausrufezeichen stehen.

Beispiele: Komm schnell! Räume endlich dein Zimmer auf!

Mit einem Fragesatz kann man nach etwas fragen. Am Ende des Satzes steht ein **Fragezeichen**.

Beispiel: Wie viel Uhr ist es?

Im Herbst

Viele Kinder versuchen, Drachen steigen zu lassen. Schaffen sie es? Wie hoch werden ihre Drachen fliegen? Peter soll schneller laufen! Der Drachen steigt in den Himmel. Ob Peter die Schnur auch gut festhält? Jetzt ist es passiert! Der Drachen fliegt allein davon.

45 Wörter

Da fehlt doch was!

Schreibe die Sätze ab und setze die passenden Satzzeichen am Satzende.

Wann kommst du zu mir
Wie alt bist du
Beeil dich, Klaus

Heute ist schönes Wetter
Lass mich in Ruhe
Joni spielt gut Fußball

Der Doppelpunkt

Ein **Doppelpunkt** kündigt an, dass auf einen Satz noch etwas folgt. Dies kann zum Beispiel eine wörtliche Rede, eine Aufzählung oder eine Folgerung sein.

Roter Früchtezauber

Ute hat für ihren Geburtstag ein kühles Getränk vorbereitet. Die Gäste sind begeistert. Lara fragt: „Wie hast du das eigentlich gemacht?“ Ute entgegnet: „Es geht ganz leicht. Ich schreibe dir alle Informationen auf.“ Ute schreibt:

Man braucht:
Vier Beutel roten Tee, einen Liter Wasser und einen Liter roten Traubensaft.

Nun gehst du so vor:
Koche das Wasser ab und hänge die Teebeutel für zehn Minuten hinein. Mische den Tee und den Traubensaft. Zuletzt kannst du noch etwas Zucker dazugeben. Stelle das Getränk für mindestens eine Stunde in den Kühlschrank. Fertig!

92 Wörter

7.2 Wörtliche Rede

Vorangestellter Redebegleitsatz

Bei der wörtlichen Rede steht das, was gesagt wird, in Anführungszeichen. Auch die Satzzeichen (Punkt, Ausrufezeichen und Fragezeichen) stehen innerhalb der wörtlichen Rede.

Aus dem Redebegleitsatz erfährt man, wer etwas sagt. Ist der Redebegleitsatz vorangestellt, steht danach ein Doppelpunkt.

Beispiel: Lisa erzählt: „Gestern war ich mit Elke im Kino."

(Redebegleitsatz, wörtliche Rede)

Ein wichtiges Spiel

Kais Fußballmannschaft hat heute das letzte Spiel vor den Sommerferien. Kai flüstert seinem Vater zu: „Ich bin so aufgeregt! Hoffentlich lasse ich keine Tore rein." Sein Vater muntert ihn auf: „Das schaffst du schon. Du bist ein toller Torwart." Dann beginnt das Spiel. Der Trainer brüllt: „Paul, lauf schneller! Hol dir den Ball!" Die Jungen aus Kais Mannschaft geben alles. Nik ruft: „Zu mir!" Schon bekommt er den Ball und schießt das entscheidende Tor. Kais Mannschaft gewinnt und sichert sich damit den ersten Tabellenplatz.

87 Wörter

Nachgestellter Redebegleitsatz

Ist bei der wörtlichen Rede der Redebegleitsatz nachgestellt, muss man nach dem schließenden Anführungszeichen ein Komma setzen.

Bei einem nachgestellten Redebegleitsatz setzt man innerhalb der wörtlichen Rede Fragezeichen und Ausrufezeichen, einen Punkt setzt man nicht.

Beispiele: „Gibst du mir bitte die Butter**?“,** fragt Oma.
„Komm her**!“,** ruft ein Vater seinem Kind zu.
„Morgen gehe ich schwimmen**“,** sagt Emma.

(wörtliche Rede, Redebegleitsatz)

Klassenausflug

Die Klasse 3a macht einen Ausflug. Sie gehen Schlittschuh laufen. „Ich freue mich so sehr“, sagt Klara zu ihrer Freundin Jule. „Ich bin noch nie auf Schlittschuhen gestanden“, antwortet Jule ängstlich. Endlich sind sie an der Eishalle angekommen. „Kannst du mir bitte die Schuhe binden?“, fragt Tim Klara. Dann sausen sie über die Eisfläche. „Halt! Nicht so schnell!“, ruft die Lehrerin. Aber da ist es schon passiert. Tim und Lukas sind ineinandergefahren. „Alles ist gut!“, rufen sie ihrer Lehrerin zu und fahren schnell weiter.

86 Wörter

Sätze bilden

- Nummeriere die Sätze in der richtigen Reihenfolge und schreibe sie danach ab. Achte vor allem auf die Satzzeichen!
- Markiere anschließend die wörtliche Rede rot und die Redebegleitsätze blau.
- Du kannst die Situation mit einem Partner nachspielen.

möchte Anne wissen.

„Hallo? Hier ist Anne!“,

„Hier spricht Ines. Was machst du heute?“

fragt Ines ihre Freundin.

„Möchtest du mit mir schwimmen gehen?“,

Ines antwortet:

„Toll! Ich gehe gerne mit! Bis später.“

Anne freut sich und ruft:

„Ich weiß es noch nicht. Und du?“,

spricht Anne ins Telefon.

Eingeschobener Redebegleitsatz

Bei der wörtlichen Rede kann der Redebegleitsatz auch eingeschoben werden. Er wird dann durch Kommas von der wörtlichen Rede abgetrennt.

Beispiele: „Wann“, fragt Leni, „kommt Papa nach Hause?“
„Morgen“, erzählt Emil, „habe ich Geburtstag.“

(wörtliche Rede, Redebegleitsatz)

Alt aber oho

Jeden Montag dürfen die Schüler von ihren Erlebnissen am Wochenende berichten. Die anderen hören genau zu und können Fragen stellen. „Gestern“, erzählt Simon, „waren wir in einem Museum.“ „Was“, möchte Sara neugierig wissen, „habt ihr dort gesehen?“ „Es war“, fährt Simon fort, „ein Unterwassermuseum. Wir haben viele bunte Fische und außerdem Lebewesen gesehen, die zu den ältesten der Erde zählen.“ „Welche Lebewesen“, fragt Niklas, „sind das?“ „Es sind“, spricht Simon weiter, „die Kraken. Zu ihnen gehört auch der Tintenfisch. Sie sind ganz weich und haben weder Knochen noch Knorpel.“
Weißt du, wie lange es diese Lebewesen schon gibt? Schlage doch einfach nach und informiere dich darüber.

109 Wörter

4. KLASSE

Redebegleitsätze verschieben

- Stelle die wörtliche Rede mit den Redebegleitsätzen um. In Klammern steht, welche Formen du aufschreiben sollst.
- Markiere anschließend die wörtliche Rede rot und die Redebegleitsätze blau.

 = Redebegleitsatz vorne

 = Redebegleitsatz hinten

 = Redebegleitsatz eingeschoben

Barbara klagt: „Mein Zahn tut schon den ganzen Tag über schrecklich weh!“ (, )

„Am Samstag machen wir in den Bergen eine lange Wanderung“, erzählt Dirk. (, )

„Wieso“, möchte Max wissen, „darf man diesen Pilz nicht essen?“ (, )

7.3 Kommasetzung

Das Komma bei Aufzählungen

Aufzählungen werden durch Kommas abgetrennt.

Werden die Aufzählungen durch die Bindewörter **und** oder **oder** verbunden, entfällt das Komma.

Beispiele: Ich kaufe Milch, Brot **und** Butter ein.
Wird es morgen regnen, stürmen **oder** schneien?

Das Drachenrennen

Im Land der Drachen findet einmal im Jahr ein großes Fest statt. Hierzu kommen alle Drachen zusammen und fiebern beim Drachenrennen mit. Drachen verschiedenster Farben versammeln sich am Fuß des Berges. Es gibt schwarze, weiße, rote und sogar goldene Drachen. Der Startschuss fällt. Junge, alte, große und kleine Drachen fliegen den Hang hinauf. Ziel ist der Berggipfel, der weit oben in der Sonne weiß, silbern und grau funkelt. Die Drachen weichen auf ihrem Flug geschickt den Felsen, Bäumen und Steinbrocken aus. Sie fliegen nach links, rechts oder darüber hinweg. Ein weißer, ein schwarzer und ein goldener Drache sind die Schnellsten. Wer wird gewinnen?

105 Wörter

Das Komma vor Bindewörtern

Vor den Bindewörtern **weil**, **obwohl**, **während** und **dass** steht ein Komma.

Beispiele: Susi ist traurig**, weil** ihre Katze gestorben ist.
Die Lehrerin möchte**, dass** die Klasse nun ruhig ist.

Die Boa

Boas gehören zu den Riesenschlangen. Sie können bis zu 60 Kilogramm wiegen und vier bis fünf Meter lang werden. Boas sind gefährlich, obwohl sie nicht giftig sind. Durch ihre Größe und ihr Gewicht schaffen sie es, dass sie ihre Beute schnell erwürgen. Boas leben in Mittel- und Südamerika. Man findet sie dort in Wäldern und Halbwüsten. Obwohl die Boa meist am Boden lebt, kann sie auch auf Bäume und Sträucher klettern. Man geht davon aus, dass es elf verschiedene Arten von Boas gibt. Sie unterscheiden sich in Farbe und Muster. Man schätzt, dass Boas 40 bis 50 Jahre alt werden können.

103 Wörter

Rechtschreibstrategien

Strategie 1: Mitsprechen

Beim Aufschreiben **spreche** ich leise **mit**.

- Ich gliedere die Wörter deutlich in einzelne Silben.
  Ro bo ter spra che
- Ich achte auf besondere Laute, Buchstabenverbindungen und auf die Endungen.
  der **St**ern spielen → **sp**ielen, die **Qu**alle, das Da**ch**
  si**ng**en, der Vat**er**, der Apf**el**
- Ich achte darauf, ob der Laut am Wortanfang weich oder hart gesprochen wird (Pusteprobe).
  backen – **p**acken, der **D**ank – der **T**ank
  die **G**asse – die **K**asse

Strategie 2: Nachdenken

Beim Aufschreiben **denke** ich **nach**.

- Ich überlege, welche Wörter **großgeschrieben** werden.
  Satzanfang? **L**uzie kommt. **W**ir spielen.
  Nomen? der **B**aum, die graue **M**aus, die **W**ohn**ung**, die **F**rei**heit**, die **H**eiser**keit**
  Eigennamen? **B**en, **D**ornröschen, **M**ünchen
  Höflichkeitsanrede? **S**ie, **I**hnen

- **b** oder **p**, **d** oder **t**, **g** oder **k**? Ich **verlängere** das Wort, um den Laut besser zu hören.
  der Korb – die Kör**be** der Hund – die Hun**de**
  winzig – winzi**ge**
- **ä** oder **e**, **äu** oder **eu**? Ich suche ein **verwandtes Wort** mit **a** oder **au**.
  die **Ä**pfel – der **A**pfel du tr**äu**mst – der Tr**au**m
- Ein oder zwei Konsonanten? Ich entscheide: **langer** oder **kurzer** Vokal.
  das K**a**bel – der K**a**sten die M**ie**te – die M**i**tte
  die H**ü**te – die H**ü**tte r**ei**zen – r**i**tzen
- Verschiedene Wortbausteine? Ich zerlege das Wort in seine einzelnen Teile.
  Vor|fahrt **ver**|laufen Frei|**heit** herz|**lich**

Strategie 3: Merken

Wörter mit schwierigen Lauten muss ich mir **merken** und immer wieder üben.

- Wörter mit **V/v**: der **V**ogel, der **V**ers, die **V**ase, die Oli**v**e
- Wörter mit **ai**: der K**ai**ser, der H**ai**
- Wörter mit **ks-Laut**: se**chs**, die He**x**e, der Ke**ks**, der Kle**cks**
- Wörter mit langem **i**: w**i**r, d**i**r, der T**i**ger
- Wörter mit **doppeltem Vokal**: der S**aa**l, der S**ee**, das B**oo**t
- Wörter mit **Dehnungs-h**: fe**h**len, der Lo**h**n

Strategie 4: Nachschlagen

Wörter, bei denen ich unsicher bin, wie sie geschrieben werden, **schlage** ich **nach**.

- Ich achte auf den **Anfangsbuchstaben**: der **B**all
- Nomen suche ich in der **Einzahl**: die Hühner → das Huhn
- Verben suche ich in der **Grundform**: er singt → singen
- Adjektive suche ich in der **Grundstufe**: wärmer → warm
- Zusammengesetzte Wörter **zerlege** ich:
  der Schneeball → der Schnee, der Ball
  blitzschnell → der Blitz, schnell
  hinuntergehen → hinunter, gehen

Strategie 5: Kontrollieren

Was ich geschrieben habe, muss ich **kontrollieren**.

- Ich lese jedes Wort langsam. Fehlt kein Buchstabe? Sind die Buchstaben in der richtigen Reihenfolge?
- Ich lese den Text und markiere Wörter, bei denen ich unsicher bin. Ich suche nach einer Strategie: Wortart bestimmen, Wort verlängern, Verwandte suchen.
- Ich verbessere die Fehler:

  r
  mein Kateikasten

  vergessen
  Ich habe ihn ~~fergessen~~.